Hugo

ADVANCED
ITALIAN
COURSE

Titles in this series:

ADVANCED DUTCH COURSE

ADVANCED FRENCH COURSE

ADVANCED GERMAN COURSE

ADVANCED ITALIAN COURSE

ADVANCED SPANISH COURSE

Picture Credits

Jacket: All special photography Mike Dunning; John Heseltine, Clive Streeter, except ROBERT HARDING PICTURE LIBRARY: Paul van Riel centre left.

Inside Pages: Illustrations and picture research by Catherine Reynolds

Hugo's

ADVANCED

ITALIAN
COURSE

Milena Reynolds

Hugo's Language Books

www.dk.com

A DORLING KINDERSLEY BOOK

This new edition published in Great Britain in 1998 by
Hugo's Language Books, an imprint of Dorling Kindersley Limited,
9 Henrietta Street, London WC2E 8PS

www.dk.com

Copyright 1996, 1998 © Milena Reynolds
2 4 6 8 10 9 7 5 3 1

A CIP catalogue record is available from the British Library.

ISBN 0 85285 385 8

Advanced Italian Course is also available in
a pack with four cassettes, ISBN 0 85285 386 6

Written by
Milena Reynolds

Edited by
Jenny Yoboué

Set in 10/12pt Plantin by
Keyset Composition, Colchester, Essex
Printed and bound by LegoPrint, Italy

Contents

Introduction

How to get the most out of this course

*Read the following paragraphs before you begin the first lesson, to understand fully what the **Advanced Italian Course** is all about and how you should tackle it.*

What do we assume you know?

We assume you have studied about 100 hours of Italian and have completed any of the self-study beginners' courses. These will have given you a basic knowledge of Italian grammar and a small core vocabulary of the most frequent words. It is not necessary to have used Hugo's *Italian in Three Months*, although we do include some references to it in the grammar explanations in this book, in case you need to revise some of the elementary grammar. Where we think such revision is essential, then we will provide it in the *Advanced Italian Course*.

What are the aims of the *Advanced Italian Course?*
The aims are
- to expand your vocabulary in topic areas which we think you are most likely to need. See the Contents page for a list of topics.
- to increase your knowledge of Italian grammar by adding more detail to the basic rules.
- to help you become aware of different styles of Italian so that you learn to use language appropriate for a particular situation.
- to help you increase your fluency in reading, speaking and listening to Italian, and to begin to develop writing skills.

How long will I need to spend on the *Advanced Italian Course?*
- There are eight lessons, each one devoted to a different topic area. Each lesson has four sections. You should aim to spend about two hours on each section first time round, and then to revise it at the end of the lesson, before moving on to the next one. In total, you will probably need to spend about ten hours

on each lesson if you are to become completely familiar with the material contained in it.

What does each lesson contain?

- A reading/listening passage consisting of an authentic text taken from an Italian book, magazine, newspaper or publicity material. This is (in most lessons) followed by a list of new words and phrases, which are underlined in the texts for ease of reference. An important part of this section are the Notes: explanations of difficult sentences together with translations, also underlined in the text. Next come the exercises which will help you test how well you have understood the text, and which may also help you practise new words or grammar.
- A second (and, in some lessons, third) reading/listening passage, which is usually a different type of text from the first one, although the topic area remains the same.
- Grammar. Clear, concise explanations in English followed by exercises both for practice and for you to test whether you have understood.
- At least one listening text. This is a scripted dialogue available on tape, sometimes coming at the beginning of the lesson. It uses phrases and expressions which are typical of the spoken language, and which therefore have not been covered in the reading texts. If you do not have the cassettes, you can still familiarize yourself with the language through reading the scripts. New vocabulary is usually presented to you after the text. One of the exercises in each lesson is interactive for those with the tapes. Again, if you have only the book, you can still use the exercise by reading the prompt to yourself before trying to speak your answer out loud.
- Extra language material in some of the illustrations. If you want to go one step further than we have taken you in the lesson, you can use your dictionary to get to grips with this extra material.

More about the exercises

There is a wide variety of exercises. Most of them, such as the gap-filling ones, are clear-cut with only one correct answer. However, in keeping with the more advanced level of the work in this book, there are a few which are open, i.e. there is no one right answer. We have included these to give you some ideas for practising your Italian beyond this book. In between these two extremes you will find translation exercises. In this case, we have given a model translation in the key to the exericses. This does not mean, however, that it is the only possible translation, and you may have come up with a perfectly acceptable version. It is still a good idea for you to compare the key translation with your own and check any differences with the original Italian text.

Lesson 1 – Prima lezione
Viaggi e trasporti

In this lesson you will read and listen to passages and conversations by various modern authors describing different parts of Italy and different means of transport. You will familiarize yourself with formal written Italian as well as more informal everyday language. You will learn much useful vocabulary connected with travel and transport and you will also learn some ways of:
- *describing places and people*
- *talking about past events*

The grammar will include:
- *sequence of tenses in the past: imperfect, perfect and pluperfect tenses*
- *revision of present and present historic tenses*

Conversazione

In aereo

Susanna and Massimo are flying back to Verona after their holiday in Sicily.

Susanna   Mamma mia! Cos'è successo?

Massimo   Ma sei proprio una fifona, sai, è solo un vuoto d'aria.

Susanna   Certo che ho paura, gli aerei sono pericolosi.

Massimo   Non è mica vero. Comunque, guarda fuori dal finestrino, stiamo sorvolando il Mar Tirreno, riesci a veder le isole?

Susanna   Sì, c'è un cielo limpidissimo e mi pare di veder l'Isola d'Elba. A che ora pensi che atterreremo?

Massimo   Tra due ore al massimo. Secondo l'orario dovremmo essere a Verona alle quindici e dieci. A proposito, Carlino aveva promesso di venire a prenderci all'areoporto con la mia macchina, speriamo che non sia in ritardo.

Susanna   Io ti conosco, tu non sei preoccupato per il ritardo, hai paura che tuo figlio ti abbia fracassato la macchina, di' la verità.

11

Massimo   Beh, devi ammettere che c'è poco da <u>fidarsi</u>; <u>guida</u> come un <u>pazzo</u> ...

Susanna   Solo perché ti ha rovinato un po' il <u>paraurti</u> un anno fa, quando aveva appena preso la <u>patente</u>, adesso tu sei convinto che lui sia un <u>incosciente</u>.

Massimo   <u>Capirai</u>! Non era solo la questione del parafango, anche la <u>portiera</u> era tutta <u>sgangherata</u>. Ma adesso non voglio pensarci, tanto più che una volta arrivati la macchina la guido io, specialmente se prendiamo l'<u>autostrada</u>.

New words:

è successo	it happened
fifona	coward (*colloquial*)
vuoto d'aria	air pocket
mica	not in the least
sorvolando	flying over
atterreremo	we'll land
a proposito	by the way
fracassato	smashed
fidarsi	to trust
guida	drives
pazzo	madman
paraurti	bumper
patente	driving licence
incosciente	irresponsible
capirai!	of course you must understand ...
portiera	car door
sgangherata	unhinged/loose
autostrada	motorway

Esercizio 1

Read or listen a few times to Conversazione 1, check that you are familiar with the vocabulary, then answer these questions:

1 Perché Massimo dice che Susanna è una fifona?
2 A che ora atterrerà il loro aereo?
3 Chi li aspetterà all'areoporto?
4 Perché è preoccupato Massimo?
5 Che danni aveva fatto Carlino alla macchina del padre?
6 Chi guiderà sull'autostrada?

Esercizio 2

Put the following sentences in the right order and you will have a summary of Conversazione 1:

1 Carlino ha già avuto qualche incidente d'auto.
2 Perciò Massimo ha deciso di guidare lui dall'areoporto.
3 Massimo la prende un po' in giro, ma anche lui è preoccupato.
4 Stanno sorvolando il Mar Tirreno e si vedono bene le isole.
5 È una bella giornata e il cielo è limpidissimo.
6 Carlino aveva promesso di andare a prenderli all'areoporto con la macchina del padre.
7 Ma Susanna ha lo stesso paura dei vuoti d'aria.
8 Massimo e Susanna stanno tornando a Verona in aereo.

Esercizio 3

Look at this picture of a car and, using your dictionary if necessary, put the correct numbers next to the words listed below:

a) sedili
b) tubo di scarico
c) volante
d) paraurti
e) cofano
f) ruota
g) parabrezza
h) portiera
i) tergicristallo
j) fanali

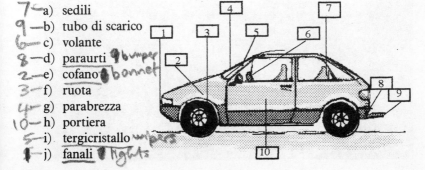

Lettura 1 – Reading Passage 1

New words:

Lessico familiare	(*lit.*) '*Family dictionary*' – Family Sayings
lontane dall'abitato	far from the village
sacco da montagna	rucksack
sorta	any kind/type
s'affacciava	he appeared
accigliato	glowering, frowning to indicate either worry or indignation

*This passage is taken from **Lessico Familiare** written by the novelist Natalia Ginzburg in 1963. Her childhood memories are dominated by the figure of her father, as we can see here when she describes their summer holidays in the mountains:*

<u>Passavamo</u> sempre l'estate in montagna. <u>Prendevamo</u> una casa in affitto, tre mesi, da luglio a settembre. Di solito eran case <u>lontane dall'abitato</u>; e mio padre e i miei fratelli andavano ogni giorno, col <u>sacco da montagna</u> sulle spalle, a far la spesa in paese. Non c'era <u>sorta</u> di divertimenti o di distrazioni. Passavamo la sera in casa, attorno alla tavola, noi fratelli e mia madre. Quanto a mio padre, se ne <u>stava</u> a leggere nella parte opposta della casa e di tanto in tanto, <u>s'affacciava</u> alla stanza, dove eravamo raccolti a chiacchierare e a giocare. S'affacciava sospettoso, <u>accigliato</u> e si lamentava con mia madre che non riusciva a trovare certi suoi libri che qualcun altro aveva messo in disordine.

Notes on Lettura 1

1 passavamo ... prendevamo ... stava ... s'affacciava, etc.
Note the use of the imperfect tense throughout Passage 1 to
indicate that all the activities described happened regularly,
every summer (for more on the imperfect tense see also
Grammatica in this lesson).

2 passavamo: we spent
The verb **passare** has many different meanings, some similar
to, some different from English:
Non ha passato l'esame di guida
He didn't pass his driving test.
Mi passi il sale per favore?
Could you please pass me the salt?
L'autostrada passa da Bergamo.
The motorway goes through Bergamo.
Passo sempre davanti a casa sua.
I always go past her house.
Passo sempre Natale dai miei.
I always spend Christmas with my family.
But note also:
Hai passato l'aspirapolvere?
Did you use the vacuum cleaner?
Fate passare la verdura.
Strain the vegetables.
Sono passata in ufficio da Maria.
I stopped at Maria's office.

3 affitto: rent
In Italian **affittare** means *to let* and not *to rent*. Very often,
though, in spoken Italian people use it with both meanings.
But when it is important to distinguish between letting and
renting you would need to say:
prendere in affitto	= to rent
affittare/dare in affitto	= to let

Esercizio 4

Read Lettura 1 a few times, then answer these questions:

1 Dove andava in vacanza Natalia Ginzburg?
2 Ci andava d'inverno?
3 Chi andava a fare la spesa ?
4 Che cosa facevano la sera la madre e i figli?
5 E il padre stava con loro?

Esercizio 5

Now, using your dictionary, complete the following list with the correct equivalent in Italian or English.

1 prendere in affitto   to rent
2 dare in affitto   _____
3 affittuario   _____
4 canone d'affitto   _____
5 _____   lease

Grammatica

1 Past tenses

If you want to revise the endings for perfect and imperfect tenses, consult Hugo's *Italian Verbs Simplified* for the complete conjugation of regular verbs.

Uses of the Imperfect Tense

The imperfect tense is used:

- with repeated past action or habit – when in English you could say *used to*:
  passavamo l'estate . . .   we used to spend the summer . . .
  si lamentava . . .   he used to rent . . .
- to describe something or somebody in the past:
  Non c'era sorta di divertimenti. There were no amusements.
  Era una padrona di casa ideale. She was an ideal landlady.
- something which happened in the past and went on for an <u>indefinite</u> period of time:
  Non riusciva a trovare . . .   He could not find . . .
- to describe a continuous action – when in English you would use the past continuous:
  Mangiavo quando hai telefonato.
  I was eating when you phoned.

- with **da** + expression of time:

  Lavoravo a Milano da tre anni.

  I had been working in Milan for 3 years.

Passato prossimo – Perfect tense

- This tense is formed by the auxiliary verbs **avere** or **essere** + past participle.
- **Essere** is used with reflexive, impersonal and most intransitive verbs, and the past participle acts like an adjective, agreeing in gender and number with the subject. **Avere** is used with all other verbs. If you want to revise this tense, see also *Italian in Three Months*, Section 23.

Use of passato prossimo

- The **passato prossimo** is used to report a completed action or event which happened in the past.

  Ho mangiato I ate, I have eaten, I have been eating

  sono venuto I came, have come, have been coming

  Examples:

  Ieri le ragazze hanno preso l'autobus e poi sono andate in ufficio.

  Yesterday the girls took the bus and then went to the office.

  Gino è caduto quando l'autobus si è fermato all'improvviso.

  Gino fell when the bus stopped suddenly.

Trapassato prossimo – Pluperfect

- This tense is used in the same way as the English pluperfect and is formed by the imperfect tense of **essere** and **avere** + past participle:

  avevo mangiato   I had eaten

  ero venuto   I had come

  Quando siamo arrivati alla stazione il treno era già partito.

  When we got to the station the train had already left.

Esercizio 6

Complete these sentences with the correct form of the imperfect tense using the verbs given in brackets:

1 [Essere] le nove di mattina e [fare] già molto caldo.
2 Tutti [volere] vedere la nuova moto Guzzi.
3 Ogni estate noi [andare] in villeggiatura sul lago di Garda.
4 Da bambina tu non [avere] paura dell'acqua.

18

5 Un tempo io [uscire] tutti i giorni.
6 Quando Anna [studiare] all'università voi la [conoscere] bene?
7 Tutta la famiglia [venire] sempre a trovarci in campagna.
8 A Londra [piovere] sempre!
9 D'estate noi [prendere] sempre in affitto una casa al mare.
10 Ogni mattina loro [camminare] per i boschi a cercar funghi.

Esercizio 7

Put these sentences into the past. One verb will be in the perfect tense, the other in the imperfect:

1 Vado a Roma e il Museo del Vaticano è chiuso.
2 Maria ha mal di stomaco e prende una pastiglia.
3 Arrivano in ritardo perché non sanno la strada.
4 I ragazzi non telefonano perché non hanno gettoni.
5 Che cosa succede mentre stai sulla spiaggia?
6 Mario non viene perché non sa l'indirizzo.
7 Camilla legge il giornale quando entra il direttore.
8 Non ti aspetto perché ho fretta.
9 Arturo beve una cedrata perché ha sete.
10 Non guardo quel film perché è doppiato.

Esercizio 8

'Come un pazzo in Ferrari ...'

Put the following passage into the past tense, using perfect and imperfect tenses where appropriate:

Ferrari 250 GTO

"Il mio compagno di camera **dorme** ancora e **russa** come un camion in salita. **Esco** silenziosamente di casa e **salgo** sulla mia Ferrari che **sta**, come sempre, al solito parcheggio, **innesto** la marcia e **parto** come un razzo. Subito **mi accorgo** che dietro a me c'è una macchina. Ogni volta che **accelero** anche la macchina **accelera**. È una Cadillac nera 1960. **Guardo** bene nello specchietto retrovisivo. La **guida** un tizio grosso che ha una cicatrice sulla guancia destra. E **vedo** che la sua giacca **ha** un rigonfiamento. Mi **infilo** in una strada deserta, **freno** di colpo e poi **salto** giù."

Lettura 2

'Viaggio in Italia' – Vicenza

New words:

in veste di	in the guise of
trascorso	spent
tardo	late
chimerico	fantastic, illusory
sorsero	emerged
compiacenza	pleasure
signorile	lordly, elegant
segnò	signalled
un'invenzione scenografica	a spectacular invention
sorge	emerges
evaporante in capriccio	turning into /fading into caprice
piano nobile	first floor (of a palace)
trascurati	neglected
acquaforte	etching
morbide	soft
disciolto	melting
compenetra	permeates/pervades
pizzico di rusticità	a certain country flavour
prossima	close
di fondo avaro	with a mean streak, basically mean

*Unlike Natalia Ginzburg's deliberately simple, unfussy language, Guido Piovene's style in his **Viaggio in Italia**, published a few years before the **Lessico**, is more traditionally literary, more poetic. Read this description of Vicenza and note also how Piovene uses the various tenses of the verbs:*

È curioso per me arrivare a Vicenza in veste di viaggiatore e diarista. Vi sono nato; vi ho trascorso l'infanzia e le dovrò forse la parte migliore della mia opera. Appena entro nella città mi riprende la meraviglia.

Il Rinascimento italiano, specie quello più tardo, quando l'architettura obbediva soltanto alla fantasia ed al piacere, ha qualche cosa di chimerico. Ma in nessun luogo, credo, come a Vicenza.

Gli archi e i colonnati sorsero senza nessun altro motivo che la
compiacenza estetica, le fantasie lunatiche della cultura, l'orgoglio
signorile. In Inghilterra, in America a Charlottesville, dovunque ho
trovato i riflessi di questa geniale follia. Scarsa di motivi pratici, e
funzionali come dicono oggi, segnò la storia dell'architettura
mondiale. Perciò conoscere Palladio attraverso gli studi è una
conoscenza imperfetta. Bisogna vederlo a Vicenza. Una piccola
Roma, un'invenzione scenografica, sorge in un angolo del Veneto,
in vista dei monti, dalla cultura evaporante in capriccio e dalla
vanità patrizia di un gruppo di signori di media potenza e di scarso
peso politico. Sono vanitosi e Palladio accontentandoli concentra il
suo genio sulle facciate e sul piano nobile; particolari pratici, come
le scale, sono talvolta trascurati o di qualità comune. Nasce una
città in bianco e nero, con le tinte di un'acquaforte, in un paese
dalle luci morbide, rosee, in cui l'aria sembra portare un colore
disciolto. L'incanto di Vicenza è nel contrappunto tra la sua
esaltazione neoclassica e il colore veneto semiorientale, che la
compenetra dovunque. Non senza un pizzico di rusticità come si
deve trovare in una terra così prossima ai monti e in una società
pomposa ma di fondo avaro.

Palladio- La Rotonda (Vicenza)

Notes on Lettura 2

1 vi: there
Vi is often used instead of **ci** in written Italian.

2 sono vanitosi ... sono nato ... sorsero ... segnò
Note the use of different tenses:

● **Present and present historic**
The present tense is used in most of this passage, even when
referring to something which obviously happened in the past:
sono vanitosi, referring to the rich owners of the 16th
century. This use of the present historic (**presente storico**) is
in fact much more common in Italian than it is in English and
you will find it in other parts of this book.
● **Past tenses – passato prossimo, passato remoto**
Both perfect and simple past are used by Piovene. They are
translated by the simple past in English. In Italian they are
used as follows:
● **passato prossimo** (see Grammatica in this lesson) to
describe something which happened in the past but which has
explicit links with the present:
sono nato, ho trascorso: I was born, I spent
● **passato remoto** (see Grammatica in Lesson 6) to describe,
almost exclusively in writing, something, like the Italian
Renaissance, which is totally separate from the present:
sorsero, segnò: they emerged, it marked

Esercizio 9

Answer these questions after reading carefully Lettura 2 and checking both Notes and New words:

1 Di dov'è Guido Piovene?
2 Perché l'autore definisce 'chimerica' l'architettura rinascimentale di Vicenza?
3 In quali altri Paesi ha notato l'influenza del Palladio?
4 Perché secondo Piovene non bisogna studiare le ville palladiane solo sui libri?
5 Come sono descritti i signori patrizi per cui Palladio aveva creato questa '**invenzione scenografica**'?
6 I particolari pratici sono importanti nelle ville palladiane?
7 Che cosa contribuisce alla 'rusticità' di queste ville?

Esercizio 10

In this passage, adapted from a detective story, the protagonist tells us what happened to him one tragic day in June.
*Put the whole passage into the past tense using the imperfect (**imperfetto**), and present perfect (**passato prossimo**):*

Quel martedì di giugno **comincio** la giornata svegliandomi al buio. **Prendo** la sveglia dal comodino: non sono ancora le nove, **vedo** con stupore, per me che di solito **dormo** fino alle dieci e oltre, è un chiaro sintomo di apprensione.

Mia madre, sentendomi muovere, **va** automaticamente a prepararmi il caffè, e io, dopo un bagno di cui **ho** bisogno da tempo, **indugio** a radermi con meticolosa attenzione. Ci **sono** ancora quattro ore da far passare. **Bevo** il caffè e poi **mi avvio** lentamente verso la fermata del tram. **Salgo** sul tram dalla parte anteriore perche **ho** la tessera da invalido e, quando **scendo**, **noto** che l'orologio in Piazza Statuto è guasto: le lancette non **si muovono** dalle 15 e 20. L'importante, **penso**, è di aver pazienza, tutto **finisce** per cascarti in bocca, se **sai** aspettare. Self-control, la grande regola degli inglesi: **bisogna** sapersi contenere!

Storia e Motori

From: 'Gente', June 95

'Aperto a Ora, vicino a Bolzano, il museo Bugatti

Nella vecchia fabbrica dove una volta si producevano le mitiche vetture, oggi si possono vedere fotografie d'epoca e alcune fra le più famose auto progettate dal famoso Ettore. Da ammirare anche i mobili Liberty intarsiati e decorati da suo padre Carlo, celebre ebanista.'

Esercizio 11

After reading the short article on 'Storia e Motori', from the magazine 'Gente', answer the following questions:

1 Perché il museo è a Ora?
2 Che cosa vuol dire vettura'?
3 Perché è rimasto famoso il grande Ettore?
4 Che lavoro faceva il padre Carlo?
5 Che cosa si può vedere al museo Bugatti?
6 Ora è nell'Italia meridionale?

24

Esercizio 12

Nel Mediterraneo solo noi possiamo ospitarvi a bordo di traghetti lussuosi come navi da crociera ed organizzare crociere che fanno trascorrere una meravigliosa vacanza anche alla vostra auto. Il motivo è semplice: solo noi disponiamo della **SPLENDID** e della **MAJESTIC**, modernissimi cruise-ferries che partono da Genova e raggiungono la **SICILIA**, la **SARDEGNA**, la **TUNISIA** e **MALTA**.
Solo noi possiamo promettervi 323 cabine, tutte con servizi privati. Solo noi possiamo ingolosirvi con il ristorante alla carta e la cafeteria, o stuzzicarvi con cinque bar e un pianobar. Solo noi possiamo movimentare il viaggio con la discoteca, la piscina e il centro fitness, e contemporaneamente far rilassare oltre 800 auto. Solo noi possiamo annunciarvi fin d'ora che nel 1996 prenderà il mare la terza nave gemella **FANTASTIC**. Ma naturalmente, solo voi potete godervi tutto ciò che vi abbiamo descritto. È per questo che vi aspettiamo. Grandi Navi Veloci S.p.A. 162121 Genova Via Fieschi, 17 - Telefono 010/589331 - Fax 5509225.

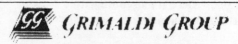

**GRANDI NAVI VELOCI
TUTTO, FUORCHE' TRAGHETTI**

After reading this advertisement, taken from an Alitalia in-flight magazine, try to answer the questions orally and then re-read the text and write down the answers:

1 Da dove partono le Grandi Navi Veloci?
2 Che cosa rende questi traghetti lussuosi come navi da crociera?
3 Quante automobili possono trasportare questi traghetti?
4 Quando prenderà il mare la Fantastic?
5 Si può anche andare all'estero con queste navi?
6 Come interpretate la frase: **Tutto, fuorché traghetti**, scritta sull'emblema in fondo alla pagina?

Esercizio 13

Read carefully this article taken from an Italian newspaper and then answer the questions below:

Le gondole motorizzate

Ci sono troppe onde in laguna e remare è impossibile e pericoloso.
Per dire basta al moto ondoso i gondolieri hanno deciso di mandare in cantiere quattro "barchette", un tipo di gondola un po' più tozza di quella normale, per ricavare a poppa lo spazio dove sistemare un piccolo motore. La decisione che, per il momento, sembra avere soprattutto un valore simbolico, è stata presa dall'assemblea dei "bancali", che rappresentano i circa 400 gondolieri ancora attivi.
È l'ultimo segno di una lotta intrapresa da anni contro il moto ondoso, un gesto che, se portato alle estreme conseguenze, potrebbe determinare una rivoluzione nella stessa forma delle gondole.
Oltre tutto i gondolieri sostengono che il moto ondoso ha un effetto corrosivo sulle fondamenta dei palazzi.
Ma i "bancali" vogliono protestare contro il Comune. Sostengono che non si è fatto abbastanza per limitare l'uso delle imbarcazioni a motore, la causa principale del moto ondoso che rende quasi impossibile vogare in piedi sulle gondole.

1 Perché i gondolieri vogliono cominciare a usare le gondole a motore?
2 Quante gondole hanno intenzione di 'trasformare'?
3 Quanti gondolieri ci sono a Venezia?
4 Contro chi vogliono protestare i "bancali"?
5 Il moto ondoso è pericoloso solo per i gondolieri?

Esercizio 14

*Try to solve this picture-puzzle which describes an ... **irregular** part of the body. Remember that when solving a picture-puzzle, the word you are looking for can be before or after the given letters, and that the letters can be joined by prepositions or conjunctions (like **in, e, di,** etc.).*

Example:
Rebus (frase 12, 3, 1, 7) EN _____ DIA / ___ / _ / PIC _____

EN ciclope DIA peri PIC colini = Enciclopedia per i piccolini

Rebus (frase 7, 2, 5) V _ N____ / __ / __ RTE

Lesson 2 – Lezione seconda
Il lavoro

In this lesson you will learn about different jobs and the world of work in Italy today. You will learn formal language (applying for a job, writing a Curriculum Vitae), as well as the more colloquial language used among colleagues in the workplace. You will also read a short satirical piece on 'the career man'.

You will learn how to:
- *make suggestions/ask politely*
- *agree to something*
- *give and seek information*

The grammar includes:
- *uses of future tenses*
- *uses of conditional tenses*
- *relative pronouns:* **chi, ciò che, quanti**

Lettura 1

La prima settimana di lavoro

The following Lettura is taken from the novel **re operai** *(Three Workers) written by Carlo Bernari between 1930 and 1932 and suppressed by the fascist regime because it described the lives of three alienated workers rejected by the society in which they lived.*

In this first chapter we follow Teodoro Barrin during his first week at the laundry, where his father is the supervisor.

"Ora ti mostro la fabbrica, così domani ti saprai regolare" ha detto stamattina Luigi Barrin al figlio Teodoro che ha fatto assumere nella lavanderia dov'è capo operaio. ... Il lunedì Teodoro è già operaio apprendista nella lavanderia. Gli operai più anziani lo squadrano, se lo mangiano di occhiate. Che vogliono sapere da lui? Vogliono sapere se è un crumiro. ... Il martedì, appena al secondo giorno, Teodoro è già stanco del lavoro. Vede per la prima volta i suoi principali, tornati appena da un lungo viaggio; e i suoi

27

28

principali non si scomodano neppure a guardarlo troppo:
un'occhiata furba, e via, insieme col padre. Che diranno di me?
Forse si metteranno d'accordo sulla paga; e Teodoro, mentre aspira
gli effluvi di vapore che si sollevano da una vasca, pensa al paio di
scarpe nuove che potrà comprarsi dopo due settimane di lavoro. In
tutta la giornata non ha pensato che alle scarpe nuove da mettere la
domenica ...

Il giovedì si lavora ininterrottamente per approntare la biancheria
di due navi inglesi che partono la sera. Quando Teodoro esce dalla
lavanderia è stanco ... sabato prenderà la paga e con la paga
comprerà molte cose; forse un paio di scarpe, e gli occorrerebbero
anche delle mutande, e possibilmente un paio di calze di filo. Si
sente felice per le cose nuove che indosserà domenica; 'se mi sarà
possibile comprerò anche una cravatta'. E pensa Teodoro, con gli
occhi chiusi, pensa alle cose nuove che avrà indosso domenica,
quando sarà accanto ad Anna.

Il venerdì Teodoro esce in compagnia di Marco De Martini. Questo
Marco gli diventa sempre più simpatico; lo trova intelligente e
vivace. Marco dice, ad esempio, che pare impossibile, eppure non
esiste un sindacato dei lavandai. È giusto, pensa Teodoro, ma non
sa rendersi conto a che cosa serva un sindacato.
Il sabato Teodoro prende la paga ed esce con Anna. Una vera
delusione quei pochi soldi che gli hanno dato! Che scarpe! Forse
non riuscirà neppure a fare una gita con la ragazza, domani. "Ma
facciamo così, propone Anna, io preparo la colazione per tutti e
due, e la gita ci costerà meno". Teodoro accetta a malincuore.
Vorrebbe far tutto lui!

New words:

ti saprai regolare	you'll know what to do	vasca	tub
lavanderia	laundry	approntare	to prepare
capo operaio	supervisor	biancheria	linen
crumiro	blackleg	mutande	underpants
principali	bosses	calze di filo	fine cotton socks
mettersi d'accordo	to agree	sindacato	trade union
effluvi	fumes	lavandai	laundry-men
si sollevano	they rise	delusione	disappointment
		a malincuore	unwillingly

Notes on Lettura 1

1 Note how the future tense is used in this Lettura:
che diranno di me?
si metteranno d'accordo
se mi sarà possibile, comprerò, etc.
In all these sentences the future tense is used to emphasize
that Teodoro's hopes may or may not be fulfilled. When, on
the other hand, the author describes future actions or events
which will definitely happen, he uses the present tense as in:
Ora ti mostro: I'll now show you . . .
Le navi inglesi che partono la sera.
The English ships that will be sailing in the evening.

You will find more on the use of the future and present tenses
in the Grammatica section in this lesson.

2 **il lunedì, il martedì** . . .: every Monday, Tuesday . . .
The article **il** is used before days of the week to indicate that
something happens regularly on such days:
Il sabato non si lavora: We don't work Saturdays.

3 **non ha pensato che alle scarpe**: he could only think of the
shoes
non . . . (altro) che: 'nothing but' is often used in Italian.
Other examples are:
Non ha fatto altro che piangere. He did nothing but cry.
Non mangio altro che frutta. I eat nothing but fruit.

4 **vorrebbe far tutto lui!**
Lui is used after the verb for emphasis. Other examples:
Lo mangio io. I'll eat it myself.
Ci va lei. She is going (herself).

5 **lo squadrano, se lo mangiano di occhiate:**
Both verbs describe the intense curiosity of the other workers
who stare at Teodoro. The present historic is used, as we saw
in Lesson 1, instead of the simple past.

6 **gli occorrerebbero**: he would need

$\rightarrow$

Occorrere is an impersonal verb (like **piacere**). Note that Italian impersonal verbs are normally used in the 3rd person singular, as in English, but, as in this case, they require the 3rd person plural when followed by a plural:

Occorre/bisogna pensarci: We need to think about it.
Ci occorrono operai: We need workers.

7 **indosserà/avrà indosso:**   he will wear
  Other verbs for *to wear* are: **mettersi, mettere, infilarsi:**
  Ho indossato il cappotto, mi sono infilata i guanti, mi sono messa le scarpe ma non ho messo il cappello.
  I put on my coat, my gloves and my shoes but I did not wear a hat.

Esercizio 15

After reading or listening to Lettura 1, complete these sentences, selecting from the text the expressions that describe why Teodoro is unhappy at the laundry:

1 Gli operai più anziani . . . squadrano e se lo mangiano di . . .
2 I principali . . . da un lungo viaggio, non . . . neppure a guardarlo troppo.
3 Appena al secondo giorno, . . . 4 Il giovedì lavora . . . per . . . la . . . di due navi inglesi
5 Quei pochi soldi della paga sono . . .!

and now describe Teodoro's dreams:
6 Sabato . . .
7 Con la paga Teodoro sogna che si comprerà . . .
8 Accetta che Anna prepari . . . perché così la gita . . .

Stai attento che tu non sai chi sarò io!

Grammatica

Uses of future and future perfect

To revise future and future perfect tenses of regular and some irregular verbs consult *Italian Verbs Simplified* or *Italian in Three Months*, Sections 72–74, or see Appendix.

As we have seen in Passage 1, the future tenses are used not only to express an action which will take place in the future, but also:

1 to convey uncertainty or probability, to express conjecture or a deduction. The **futuro semplice** expresses probability in the present and the **futuro anteriore** expresses probability in the past:

   Sarà facile, ma io non lo capisco.
   It may be easy, but I don't understand it.
   Che cosa sarà successo?
   What could have happened?

2 after **appena**, **non appena**, **finchè** and **se** if the main verb in such sentences is in the future tense:

   Se troverò lavoro, verrò anch'io a Londra.
   If I find a job, I'll come to London.
   Appena avremo preso una decisione, Le faremo sapere il risultato.
   We'll let you know as soon as we have decided.
   La fattura non sarà saldata finchè non ci avrete mandato la merce.
   The bill is not going to be paid until you send us the goods.

   But:

3 if the action described is happening in the very near future or if you want to emphasize that it will definitely happen you use the present tense. Often this corresponds to the present continuous in English:

Allora vieni?	Are you coming then?
Il treno arriva alle nove.	The train is arriving at nine.
Ci vediamo domani.	We are meeting tomorrow.

Esercizio 16

You are being asked a lot of questions and you are not sure of the answers so you reply, as in the examples, by using the future tense:

Sono inglesi? **Ma ...**   **Ma, saranno inglesi.**
Hanno mangiato? **Che ne so io ...** **Che ne so io, avranno**
           mangiato.

1 Hanno pensato alla nostra offerta? **Che ne so io, ci ...**
2 Vuole dire di no? **Forse ...**
3 Allora, fanno sciopero i sindacati? **Ma, ...**
4 Ci mette un'ora? **Non so se ...**
5 Non hanno letto la relazione? **Ma, ...**

Lettura 2

L'Italia e i lavoratori

*This summary of the Italian world of work is adapted from '**La guida per chi lavora**', published by the **CGIL** Union:*

1 Costituzione della Repubblica italiana

I diritti del cittadino italiano sono decretati dalla stessa
Costituzione italiana:

Articolo 1 L'Italia è una Repubblica basata sul lavoro.
Articolo 35 La Repubblica tutela il lavoro in tutte le sue forme
     e applicazioni.
Articolo 36 Il lavoratore ha diritto al riposo settimanale e a ferie
     annuali retribuite e non può rinunciarvi.
Articolo 40 Il diritto allo sciopero si esercita nell'ambito delle
     leggi che lo regolano.

2 Lo statuto dei lavoratori

Dal 1970 in poi lo statuto dei lavoratori è diventato legge. Questo
statuto ha aperto una nuova fase nei rapporti sindacali poichè
legittima la presenza dei sindacati, li riconosce e li sostiene.

3 I sindacati

I sindacati hanno la funzione di proteggere i diritti dei lavoratori.
I tre più importanti sono:

la CGIL Confederazione Generale Italiana del Lavoro. La più
numerosa, di sinistra.

la CISL Confederazione Italiana dei Sindacati del Lavoro.
Socialista di centro sinistra

l'UIL Unione italiana Lavoratori. Il sindacato cattolico, di
centro.

4 Esistono anche i sindacati 'autonomi' (che operano solo o quasi
esclusivamente in una zona o settore) e la **CISNAL** di estrema
destra legata al partito neofascista.

5 Il contratto collettivo nazionale di lavoro CCNL

Questo è il contratto negoziato dai sindacati, di solito è valido per
tre anni e fissa l'orario, l'ambiente di lavoro, la paga ecc. Questi
contratti collettivi (per esempio per i ferrovieri o gli insegnanti
ecc.) sono applicati non solo agli iscritti ai sindacati ma a tutti i
lavoratori di quella categoria.

6 Lo sciopero

Ce ne sono vari tipi:

a sorpresa (quando non viene annunciato al datore di lavoro)

a singhiozzo (per esempio un'ora ogni 4)

a scacchiera (quando i vari reparti in una stabilimento
scioperano chi in un momento chi in un altro)

bianco (quando il lavoro viene fatto applicando
minuziosamente tutte le regole)

7 Licenziamento

Date tutte queste leggi è facile capire che anche il licenziamento
può avvenire solo se il lavoratore ha commesso qualche mancanza
(le varie categorie sono scritte nel CCNL) ed è quindi proibito
licenziare qualcuno per motivi politici, di matrimonio (per un
anno dopo il matrimonio) o di gravidanza (finché il figlio ha un
anno). Inoltre il licenziamento deve essere comunicato per
iscritto e il lavoratore deve ricevere il motivo entro cinque giorni
dalla sua richiesta.

Esercizio 17

After reading Lettura 2 about the Italian world of work, say whether these statements about the text are true or false:

	Vero	Falso
1 La Costituzione italiana protegge i diritti dei lavoratori.	☐	☐
2 La CGIL è un sindacato di destra.	☐	☐
3 Il contratto nazionale di lavoro è valido solo per gli iscritti ai sindacati.	☐	☐
4 Durante lo sciopero bianco si lavora seguendo le regole.	☐	☐
5 E proibito licenziare qualcuno entro un anno dalla nascita di un figlio.	☐	☐
6 Lo sciopero è a singhiozzo quando il datore di lavoro non è stato informato.	☐	☐

Che lavoro fanno?

a _____

b _____

c _____

d _____

e _____

f _____

g _____

h _____

i _____

j _____   k _____   l _____

Esercizio 18

Do you know the words for all the jobs shown above? See how many you can recognize and then match the pictures with the jobs given below.

Example: **1–f: Il corriere**

1 Sarta	7 Parrucchiere
2 Meccanico	8 Giardiniere
3 Pompiere	9 Macellaio
4 Falegname	10 Calzolaio
5 Corriere	11 Idraulico
6 Muratore	12 Addetto alle pulizie

Esercizio 19

And now try to match each worker from Esercizio 18 with the appropriate task from the list given below. Remember to change the verb into the future tense, as in the example:

a   Recapitare i pacchi a domicilio.   5 Il corriere.
a:5   Il corriere recapiterà i pacchi a domicilio.

a   Recapitare i pacchi a domicilio.
b   Lavare e lucidare i pavimenti.
c   Costruire un nuovo garage.
d   Fabbricare e riparare mobili.
e   Tagliare e cucire vestiti da donna.
f   Cambiare l'olio e controllare i freni.
g   Pesare le bistecche di manzo.
h   Lavare e tagliare i capelli.
i   Spegnere l'incendio.
j   Aggiustare il rubinetto del bagno.
k   Innaffiare il giardino.
l   Suolare e mettere i tacchi alle scarpe.

Conversazione 1

Manager si diventa

*This conversation between Luca Perrella and Granelli, two IBM employees who meet at the firm's Head Office and discuss their respective careers from totally different points of view, is a gentle satire on the business world, taken from **Zio Cardellino** by Luciano De Crescenzo, author, film director and script writer. De Crescenzo's style is informal and his humour relies on deceptively plain, colloquial Italian and an effective use of modern slang.*

New words:

vendite	sales	**sfruttamento**	exploitation
senese	from Siena	**classe operaia**	working class
pure	even/also	**viene proibita**	is forbidden
righino bianco	pin-stripe	**a voce alta**	aloud
sede (centrale)	head office	**far carriera**	to get on
non fo per dire	I'm not boasting	**d'accordo**	I agree/quite
pregiata ditta	esteemed firm	**arrivisti**	careerists
puttane	whores	**suscita**	arouses
sottoscritto	undersigned	**la smettono di**	they stop
scruta	searches	**patire**	to suffer
per cui	for this reason	**bischerate**	rubbish (*slang*)
articolo uno	item 1	**anzi**	on the contrary
far finta di	to pretend	**ogni tanto**	every so often
lisciare	to stroke (*lit.*), to please (*slang*)		

Ma guarda chi si rivede: Granelli, corso vendite della IBM febbraio '61, senese, compagno di camera e di banco. Non era cambiato per niente, anzi aveva pure lo stesso vestito, quello blu scuro col righino bianco. No, questo era impossibile; probabilmente Granelli era uno di quelli che quando vanno in negozio finiscono con lo scegliere sempre lo stesso modello.

Granelli   "Come va? Benvenuto a Palazzo"

Luca   "Grazie. Ma lo sai che neppure lo sapevo che lavoravi pure tu in sede?"

Granelli   "Io in sede? Caro Perrella, io ci sono nato in questo edificio. Non fo per dire, ma se non fosse per me la pregiata ditta IBM Italia sarebbe già finita a puttane.

Ricordati che il sottoscritto guarda, sorveglia, scruta e, senza che nessuno se ne accorga, alla fine decide. Per cui, se nei tuoi desideri c'è anche quello di fare una rapida e brillante carriera, soltanto un consiglio ti posso dare: resta sempre amico del qui presente ingegner Granelli."

Sempre lui il vecchio Granelli. Luca non aveva fatto neanche in tempo a dire buongiorno che già gli si era proposto come protettore ufficiale.

Luca	"Ti ringrazio, però, a dir la verità, non è che io abbia tanta voglia di far carriera".
Granelli	"Ohi, ohi, Perrella, e come cominci male! Articolo uno: al Palazzo puoi fare quello che vuoi, puoi lavorare e far finta di lavorare, puoi lisciare la Direzione Generale e la puoi accusare di sfruttamento della classe operaia, una sola cosa ti viene proibita ed è quella di dire a voce alta che non hai intenzione di far carriera".
Luca	Grazie a Dio, non tutti gli uomini sono uguali: ci sono anche quelli che non sono ambiziosi".
Granelli	Gli uomini IBM lo sono sempre. Ricordati che gli *IBM-men* devono essere alti, magri, vestiti di scuro e pieni di voglia di far carriera. Te devi far carriera, devi diventare più alto, più magro altrimenti si offende la ditta e, soprattutto, non puoi venire in ufficio con scarpe da week-end con le suole di gomma".
Luca	"D'accordo, però fai l'ipotesi di uno a cui la carriera non sembri tanto importante: gli altri, gli arrivisti, dovrebbero essere contenti, se non altro perché hanno un avversario di meno".
Granelli	"Per niente! Il potere piace proprio perché suscita invidia. se quelli che stanno sotto la smettono di invidiare, me lo dici che divertimento ci sarebbe ad avere il potere? le regole vanno rispettate: chi sta sopra deve godere e chi sta sotto deve patire. Te, Perrella, giurami che non dirai più simili bischerate, anzi, ogni tanto ricordati di andare dal tuo capo a lamentarti che non stai facendo carriera."

Notes on Conversazione 1

1 si rivede, si offende
The impersonal form with **si**, unlike the English *one*, is commonly used and does not sound patronizing or snobbish.

2 compagno di camera: room-mate; **compagno di banco**: schoolmate, (*lit.*) someone who shares a school desk; **compagno** is often translated by *mate* in English.

3 Palazzo and **sede** here have the same meaning, the firm's Head Office, but Granelli uses **palazzo** in an official, somewhat pompous way.
La pregiata ditta, il sottoscritto, del qui presente, articolo uno: these are rather pedantic, official (and normally only written) expressions.

4 a puttane: an offensive, sexist, but not uncommon expression; Granelli's brand of '**maschilismo**', his idea of of what a successful manager should sound like; **lisciare** in the next paragraph, is used in a similar way.

5 non è che
This expression is used, particularly in spoken Italian, to make excuses or correct/justify/disagree/apologize politely:
Non è che non voglia venire, ma sono proprio al verde.
It's not because I don't want to come, but I am skint.
Non è che sia razzista, ma certo che impiega solo bianchi.
I am not saying he is racist, but he does employ only whites.

6 te: used twice in this conversation instead of **tu**; it is a colloquial, incorrect form, commonly used but still an error on Granelli's part which underlines his pretentiousness.
bischerate: stupid things. Another colloquial expression.

7 scarpe da week-end: weekend/casual shoes
Note the use of **da** to indicate what something is used for:
carta da lettere, musica da camera, bicchiere da vino
writing-paper, chamber music, wineglass.

8 un avversario di meno: one less rival
Note the use of **di** when **meno** comes after a noun:
Mi hai dato tremila lire di meno.
You gave me three thousand lire less.

9 chi ... chi: those who. For more on relative pronouns see also Grammatica in this lesson.

Esercizio 20

After reading or listening to Conversazione 1 between Granelli and Luca, read these statements and say whether they are true or false:

	Vero	Falso
1 Luca ha una gran voglia di far carriera.	☐	☐
2 Luca e Granelli hanno ben poco in comune.	☐	☐
3 Gli uomini della IBM Italia devono essere alti magri e vestiti di scuro.	☐	☐
4 L'ingegner Granelli porta le scarpe da weekend.	☐	☐
5 La mancanza di ambizione è il più grave peccato degli *IBM men*.	☐	☐

Esercizio 21

To make sure that you remember all the new expressions you have learnt in Conversazione 1, complete this summary by filling the gaps with the appropriate words:

Secondo l'ingegner Granelli gli *IBM-men* devono essere alti, . . ., vestiti di scuro e pieni di voglia di . . . . . . Invece Luca pensa che se a uno la carriera non . . . tanto importante, gli altri, gli . . . dovrebbero essere contenti, se non altro perché hanno un avversario . . . . Granelli spiega poi che il potere piace proprio perché . . . invidia e se quelli che . . . sotto la smettono di invidiare, che divertimento ci sarebbe ad avere il potere? Le regole . . . rispettate: . . . sta sopra deve godere e . . . sta sotto deve . . . Anzi Luca dovrebbe ricordarsi di andare dal . . . . . . a . . . che non sta facendo carriera.

Grammatica

Relative pronouns:

1 **Chi** means *who?*, but also *he who, whoever, some . . . others*
   - in a question **chi** is used as a subject, object or with a preposition:

Di chi è?	Whose is it?
Per chi lavori?	Who do you work for?
Chi ti conosce?	Who knows you?
Chi hai visto?	Who did you see?

- **chi** + singular verb means *he (him) who, whoever, the one(s) who, those who*, as we have already seen in Conversazione 1:
- **Chi dice così sbaglia.** Whoever says this is wrong.
- **chi** also refers to indefinite persons and is often found in proverbs or generalizations:
  Chi s'aiuta il ciel l'aiuta. God helps those who help themselves.
- **chi ... chi** is also used with the meaning of *some ... others*:
  In ufficio c'era chi lavorava e chi non faceva niente.
  In the office some were working and others were doing nothing.

Other constructions with relative pronouns:

2 **Quel che, quello che, ciò che, quanto** mean *that which, what.*
Fanno quello che vogliono. They do what they like.

3 **Tutto quello/quel/ciò che, quanto** mean *all (that), everything (that)* and refer to things:
Questo è tutto quel che mi ricordo. This is all I remember.
Facevamo quanto potevamo. We did all we could.

4 **Tutti quelli che, (tutti) quanti** mean *all (that), everyone (that)* and refer to people:
Tutti quelli che lo conoscono gli vogliono bene. Everyone who knows him likes him.

Esercizio 22

*Put **chi** instead of the word in bold in the following sentences and make sure that you change the verb to the singular where necessary.*

Example:

Quelli che hanno perso il lavoro hanno diritto al sussidio.
Chi ha perso il lavoro ha diritto al sussidio.

1 Ci sono **alcuni che** rispettano le regole, **altri che** fanno quel che vogliono.
2 Ride bene **colui che** ride ultimo.
3 Mi arrabbio con **quelli che** non dicono la verità.
4 **Quelli che** lo conoscono lo ammirano molto.
5 **Ci sono quelli che** lavorano e **quelli che** non fanno niente.

Esercizio 23

*Complete these sentences using the relative pronouns **quello che/ciò
che/quelli che/chi**:*

1 ... non vuole venire resti a casa!
2 Vorrei ringraziarvi di ... avete fatto per me.
3 Aumentano lo stipendio a ... se lo meritano.
4 Far carriera è ... gli arrivisti desiderano più di tutto.
5 La disoccupazione è dura per ... ha famiglia e per ... non riceve
contributi.

Conversazione 2

In cerca di lavoro

***Bersagli Editore**, the Milanese publishing firm, are looking for a new
English agent and Andrea, the European Sales Manager, discusses the
situation with Silvia, the Personnel Manager (**direttrice del
personale**):*

Andrea   Come avrai senz'altro notato le vendite in Europa sono
aumentate del 20% e soprattutto in Inghilterra c'è stata
una notevole espansione.

Silvia   Sì, sì, ho letto la tua relazione dopo la Fiera del Libro di
Francoforte e sono rimasta colpita dall'aumento delle
vendite.

Andrea   Per questo vorrei metterti al corrente di quello che
abbiamo già deciso: abbiamo messo un annuncio su
'Economia oggi' e quasi cento persone hanno risposto.

Silvia   Hai già fatto una selezione preliminare?

Andrea   Appunto. Ci sono tre candidati che hanno le qualità di
cui abbiamo bisogno.

Silvia   Me li potresti descrivere brevemente?

Andrea   Dunque: Carlo Meneghini è laureato in scienze politiche
ed è esente dal servizio militare. Ha lavorato per un anno
in Belgio e ora lavora come rappresentante della Casa
Editrice Cassandra.

Silvia   Ha una buona conoscenza dell'inglese?

Andrea   Sì, abbastanza, l'ha studiato a scuola. Poi c'è Mariella
Bonaventuri. È laureata in economia e commercio, ha
un'ottima conoscenza dell'inglese e lavora da sei mesi in

Inghilterra. La terza e ultima candidata è la nostra
signorina de Franceschi che tu già conosci bene.

Silvia   Allora <u>propongo di</u> fissare il colloquio al più presto
possibile.

Andrea   Martedì prossimo, 14 novembre?

Silvia   Martedì purtroppo sarò impegnata, <u>non si potrebbe
rimandare</u> fino a mercoledì?

Andrea   Certo. Allora cominceremo alle dieci, va bene?

Silvia   <u>D'accordo.</u>

New words:

vendite	sales	**annuncio**	advert
notevole	considerable	**laureato**	graduate
relazione	report	**casa editrice**	publisher's
aumento	increase	**rimandare**	to postpone
metterti	to put you		
al corrente	in the picture		

Notes on Conversazione 2

1 **come avrai notato**: as you have seen
This is one way of pointing something out. Other expressions
could be: **come vedi, come sai ...**

2 **me li potresti**: could you
This is how you could ask politely for something (in this case
information). Note the use of double pronouns + conditional
Other examples:
Me lo potresti prestare? Could you lend me ... ?
The use of two personal pronouns (even when one would be
enough) is very common in Italian:
Te li manderei volentieri, ma ... I'd send them (to you),
but ...

3 **Esente dal servizio militare**: free from (compulsory) military
service
In Italy compulsory military service lasts a year (or 18 months
of '**servizio civile**' for conscientious objectors).   →

4 **propongo di**: I suggest
This is one way of suggesting something. Other less formal
expressions are: **dire di ...**, **cosa ne diresti di, e se ...**,
magari + conditional.

5 **non si potrebbe rimandare?** Couldn't it be postponed?
Again, note the use of the conditional, which sounds suitably
polite. For the use of **si** instead of a passive verb see
Grammatica in Lesson 7.

6 **d'accordo**: agreed
D'accordo is used a lot to indicate agreement to some
arrangement. It is a useful expression to remember: it is both
formal and informal and is variable. Other expressions could
be: **Certo, Per me va bene, Benissimo**.

Come scrivere un Curriculum vitae

These are the CVs of the two external applicants for the job
mentioned in Conversazione 2:

Curriculum vitae 1

COGNOME	Meneghini	
NOME	Carlo	
DATA DI NASCITA	28.9.1969	
LUOGO DI NASCITA	Salice Terme (PV)	
STATO CIVILE	Coniugato	
OBBLIGO MILITARE	Militesente	
DOMICILIO	Via G. Mazzini 27, Voghera (Pavia)	
STUDI	Scuola Media Statale Bentegodi – 1980–1983	
	Istituto Tecnico Lorgna, Voghera 1983–88	
	Università Cattolica, Milano 1988–95	
QUALIFICHE	Diploma di Geometra 1989* 40/60	
	Laurea in Scienze Politiche* 90/110	
ESPERIENZE DI LAVORO	1990–92 Geometra	
	Studio Marchi – Voghera	
	1992–94 Rappresentante	
	Italcementi – Milano	
	1994 – Rappresentante	
	Casa Editrice Cassandra Milano 3200	

*These are the official grades given in secondary schools (out of 60) and universities
(out of 110). If you want to learn more about this system of marking and its
implications, read the short article from the magazine **'Epoca'** [July 1995], **'Niente
soldi ai somari'**, at the end of this lesson.

Curriculum vitae 2

COGNOME	Bonaventura	
NOME	Mariella	
DATA DI NASCITA	12.3.1966	
LUOGO DI NASCITA	Godiasco (Piacenza)	
STATO CIVILE	Nubile	
DOMICILIO	Via Saffi 14	
	2500 Milano	
STUDI	Scuola Media Agli Angeli, Godiasco (Piacenza) 1977–79 Liceo Scientifico L. Giordano, Piacenza 1977–82 Università L. Bocconi, Milano, Economia e Commercio 1982–1987	
QUALIFICHE	Diploma di Maturità Scientifica * 56/60 Laurea in Economia e Commercio *100/110	
ESPERIENZE DI LAVORO	Segretaria – Reparto Vendite Casa Editrice Hoepli 1987–88 Assistente Reparto Pubblicità – Casa Editrice De Bonis 1988–1994 Assistente, Reparto vendite De Bonis UK 1995–	

Esercizio 24

*Imagine that you now are the sales manager for **Bersagli Editore**. You have conducted the interview for the job of English representative with the personnel manager and you are now deciding which of the two candidates to choose. Complete the following dialogue, answering according to the clues given in English:*

Dir. Allora, cosa ne dice, tutti e due i candidati hanno abbastanza esperienza, non Le pare?

You ....

[Well, up to a point, Miss Bonaventura has experience in publishing, but not as a sales representative. And Meneghini is an experienced rep, but has only been in publishing six months.]

Dir. D'accordo. Quindi Lei preferirebbe Meneghini?

You ....

[In terms of experience, yes. But I'm worried about his limited knowledge of English.]

Dir. Ed è importante ricordare che dobbiamo stabilire nuovi rapporti con la Gran Bretagna e la signorina ha già lavorato lì e per un'altra casa editrice. Quindi conosce il mercato.

You ....

[*Exactly. So, let's look at Miss Bonaventura's positive points:
good communication skills, has worked in England, knows
about publishing.*]

Dir.   Mi pare che abbia già deciso . . .

You ....

[*But only if you agree.*]

Dir.   Tutto sommato sì. La signorina mi ha fatto un'ottima
          impressione.

Esercizio 25

*Now you have to prepare a formal little speech telling Miss
Bonaventura that she has got the job and Mr Meneghini that he has
not . . .*

1 Miss Bonaventura, we are pleased to tell you that you have been
   successful in your application and would like to offer you the job
   of English representative. There are a few administrative matters
   for us to sort out, but we should be able to send you a contract
   by the end of this week. Would you be ready to start at the
   beginning of next month?
2 Mr Meneghini, we have been very impressed with your
   application and your experience as a sales representative, but as
   you know, we need to set up a new agency in England and we
   need to have somebody who can speak good English. So,
   unfortunately, we cannot offer you this job, but we wish you
   luck for the future.

A newspaper article

Niente Soldi ai <u>Somari</u>

*Read this short article from '**Epoca**', July 1995, which describes a
very interesting initiative from the leader (presidente Irene Pivetti) and
deputy-leader (vicepresidente Lorenzo Acquarone) of the Italian
Parliament, regarding members of staff with clever offspring:*

—

46

Irene Pivetti – Presidente della Camera

L'idea è partita dal vicepresidente della Camera, Lorenzo Acquarone, ma Irene Pivetti ha plaudito:sarà istituito un premio speciale di 3 milioni ai figli dei dipendenti di Montecitorio che si laureano con 110 e lode. Continueranno invece a ricevere due milioni 400 mila lire quanti si laureano con 110 e due milioni andranno a quelli con la media dal 27 al 30. E i 'maturi'? Un milione e 900 mila lire per i 60/60 e un premio di consolazione di 850 mila lire per i 40/60 [quaranta sessantesimi]. Per non ricevere un premio bisogna essere proprio somari …

Notes on 'Niente soldi ai somari'

1 **somari**: dunces
A rather old-fashioned term to describe under-achievers
– 40/60 is, in fact, a pass.

2 **è partita**: originated

3 **dipendenti di Montecitorio**: staff working in Parliament
Montecitorio is the name of the Roman palace where the Italian Parliament resides.

4 **si laureano:** they qualify
Maturi are those who have obtained **a diploma di maturità**, i.e. passed their High School Certificate.

5 **110 e lode**: *summa cum laude*, top marks
Equivalent to a 1st class degree from an English University.
media del 27-30: average marks between 27 out of 30 and 30 out of 30. Similar to a Grade A in English A level.

6 **premio di consolazione**: consolation prize

Esercizio 26

After reading the article from 'Epoca', answer these questions:

1 Chi otterrà questi premi dal governo?
2 Quanti soldi riceverà chi si laureerà con la media del 27-30?
3 A chi toccherà il premio di consolazione di 850.000 lire?
4 Chi riceverà 3 milioni?
5 Secondo l'articolo chi sono i'somari'?

Grammatica

Uses of Conditional and Past Conditional

The **present conditional** corresponds to *would* + verb and is used in Italian as in English:

1 to express preferences, requests and wishes.

2 in if clauses (which we will see in Lesson 4 when we study the subjunctive)

But it is also used in Italian when you would <u>not</u> use it in English:

3 to express somebody else's opinion or (often in the press) to describe a rumour:
Il Presidente della Fiat sarebbe pronto a dimettersi.
The President of Fiat is supposedly about to resign.
Una certa famosa attrice avrebbe rifiutato la parte.
A famous actress is said to have refused the part.

The **past conditional** is used in reported speech to express a future action after verbs of knowing, saying, telling, when in English the present conditional would be used:
Ha scritto che sarebbe venuto in gennaio.
He wrote that he would come in January.
Ha detto che sarebbe andata da sola.
She said that she would go alone.

Esercizio 27

Imagine that you are reporting back to your colleagues what was decided at a meeting you attended. Remember to change the verbs from the future to conditional tenses.

Example:
Le azioni non saliranno di prezzo?
Il comitato ha deciso **che le azioni non sarebbero salite di prezzo.**

1 **Apriranno** una nuova filiale? Il comitato ha deciso che ...
2 Le trattative **finiranno** entro aprile?
3 Il nuovo contratto **durerà** fino al 1997?
4 Il capitale **aumenterà del 10%?**
5 **Firmeranno** l'accordo coi sindacati?

Una poesia

Un altro lunedì

*To conclude this lesson, read the decription of that Monday morning feeling, in a poem by Primo Levi, written in 1946 (from '**Ad Ora Incerta**', **Garzanti**, 1984). Primo Levi (1919– 1987) was a partisan, a prisoner in Auschwitz, and the author of many celebrated novels, short stories and poems. Note who the people (and a couple of animals) are that this modern Minos condemns to Hell or Heaven and decide whether you would agree with Primo Levi's choice.*

New words:

ragionieri	accountants
innamorati	lovers
assaggiatori di vino	wine-tasters
saltimbanchi	acrobats
lustrascarpe	shoeshines
sciarpe	scarves
che sbadigliano	yawning

"Dico chi finirà all'Inferno:
I giornalisti americani,
I professori di matematica,
I senatori ed i sagrestani,
I ragionieri e i farmacisti,
(Se non tutti, in maggioranza)
I gatti e i finanzieri
I direttori di società,
Chi si alza presto alla mattina
Senza averne necessità.

Invece vanno in Paradiso
I pescatori ed i soldati
I bambini, naturalmente,
I cavalli e gli innamorati.
Le cuoche ed i ferrovieri,
I russi e gli inventori;
Gli assaggiatori di vino;
I saltimbanchi e i lustrascarpe,
Quelli del primo tram del mattino
Che sbadigliano nelle sciarpe."

Così Minosse orribilmente ringhia
Dai megafoni di Porta Nuova
Nell'angoscia dei lunedì mattina
Che intendere non può chi non la prova.

G. Dorè: Minosse – Inferno, Canto V

Notes on 'Un altro lunedì'

---

1 **chi finirà, chi si alza presto, chi non la prova**
Chi is used with the meaning of *those who*. Note how effective it is in its brevity.

2 **megafoni di Porta Nuova**: loudspeakers at Porta Nuova train station.

3 **angoscia** conveys a stronger feeling than just pain. It describes an all-enveloping, frightening, existential pain or anguish, *angst*.

4 **Così Minosse ...**
In these last four lines Levi paraphrases Dante and the reference to Minos snarling (**'orribilmente ringhia'**) comes from Dante's **Divina Commedia (Canto V)**.

5 **intendere:**
Here it means both *understand* and *feel*.

Esercizio 28

After reading or listening carefully to 'Un altro lunedì', answer these questions:

1 Chi parla nelle prime due strofe?
2. Come tradurreste la prima riga della poesia in inglese?
3 Secondo Levi "chi si alza presto la mattina" merita l'Inferno? E perché?
4 E quindi perchéquelli "del primo tram del mattino che sbadigliano nelle sciarpe" vanno in Paradiso?
5 Che differenza c'è, secondo voi, tra le persone descritte nella prima strofa e nella seconda?
6 Che cosa fanno i ragionieri?

Lesson 3 – Lezione terza
I rapporti con gli altri

In this lesson you will explore some issues of modern Italian life: parents and children, jobs, unemployment and personal relationships. You will also learn how to
- *express feelings*
- *give and seek opinions*
- *express doubt, agreement and disagreement*
- *express belief or certainty*

The grammar will concentrate mainly on:
- *the subjunctive mood: present and perfect tenses*
- *when to use the subjunctive, in dependent clauses*
- *use of suffixes: diminutives, pejoratives, augmentatives*

Lettura 1

Un ottimo partito

Una sposa italiana

*In this passage from Alberto Arbasino's **Le piccole vacanze** the protagonist, Romeo, describes his 'ideal wife'. Note how, starting from the second paragraph, when Romeo earnestly tells us what he would like his wife to be like, the author uses the present subjunctive. This is to underline Romeo's deluded dreams, wishes, beliefs and opinions as opposed to the reality represented by the young women mentioned in the penultimate paragraph, who are described using the indicative.*

*Alberto Arbasino is a well-known journalist and writer born in 1930.
His book of short stories **Le piccole vacanze** was published in 1957
by Einaudi, Torino.*

Io rappresento una 'buona sistemazione' o un 'ottimo partito', è
fuori discussione, e per questo non ho mai ricevuto altro che le
gentilezze ipocrite [delle madri delle ragazze del mio paese] . . . e
conosco quelle tecniche almeno come loro.

Io non voglio una donna soltanto . . . splendida, e quando l'hai fatta
vedere in giro tutto finisce lì e poi a che cos'altro serve, visto che è
muta; né una trascurata che ciabatti in cucina; né una matta per i
figli che badi soltanto a loro; né un'intellettuale attaccabottoni; né
una che voglia avere il suo mestiere e vivere la sua vita.

Cerco una ragazza serena e di buon senso. Che sia carina e di buon
gusto; è una virtù che si ha o non si ha; e quando uno la possiede si
manifesta in tutto, nel vestire, nel camminare, nel muoversi,
pettinarsi, mangiare, nel tratto, nella linea (lasciamo perdere il mito
della 'classe' qui . . .) e nel parlare soprattutto. Che abbia una certa
cultura, nel senso che sappia almeno l'italiano e qualche cosetta in
più, per seguire i bambini che poveretti, quante volte, tutto quel
che imparano dalla madre è la confusione tra il congiuntivo e il
condizionale.

Che non spenda come una pazza. Che sappia tenere una casa e farla
andare avanti senza sbalzi, sappia imporsi alla cameriera con
calma, sappia affrontare l'entrata degli ospiti senza l'angoscia,
sappia inserire una ferma coerenza tra le altre virtù materne.
Non credo di richiedere tanto. Ma l'esperienza fa un quadro
pessimistico: ricordo troppe osservazioni sceme, ricordo troppe
ragazze di cui non ho mai udito che l'espressione 'he,he' (risatina
gutturale), eppure 'che matto!'.

Eppure ci sono ragazze – nessuno chiede che 'sappiano tutto' – in
grado di sostenere una conversazione da treno, con i diversi
argomenti che si toccano successivamente, come d'abitudine, senza
ripetere una quantità di luoghi comuni. E per esempio – non si
pretende che siano al corrente con i '*vient-de-paraitre*' – ma sanno
perché Manzoni è diverso da D'Annunzio, sanno il nome
dell'attuale presidente del consiglio (e forse anche se comanda più
lui o il presidente della repubblica), sanno domandare un'
informazione stradale in qualche lingua straniera, conoscono alcune
città importanti, hanno visto degli spettacoli, sono in grado di

distinguere una cosa bella da una brutta, quello che si può dire e fare, e quello che è meglio di no.

Un tempo c'erano da noi delle ragazze come queste (ragazze che si erano mosse, avevano visto, sapevano parlare, erano preparate), esistevano come ne esistono dappertutto, in qualunque luogo, a partire da quel certo numero di abitanti, ma poi si sono tutte sposate o amareggiate o andate via.

New words:

sistemazione	position	**in grado di**	capable of
fuori discussione	indisputable	**argomenti**	reasons
trascurata	shabby	**luoghi comuni**	platitudes
che ciabatti	shuffling along	**si pretende**	one expects
nel senso che	meaning that	**al corrente**	well informed
andare avanti	to manage	*vient-de-paraitre*	latest cultural
sbalzi	ups and downs		events
imporsi	take command	**informazione**	directions
richiedere	to demand	**un tempo**	in the past
sceme	foolish	**si erano mosse**	had travelled
eppure	nevertheless	**amareggiate**	embittered

Notes on Lettura 1

1 **ottimo partito**: a good catch. That's how Romeo sees himself.

2 **una che ciabatti, che badi, che voglia, che sia,** etc.
These are all present subjunctives in relative clauses introduced by the indefinite pronoun **una** (see more on the use of the subjunctive in Grammatica in this lesson). They are used here to describe Romeo's personal views.
non si pretende che siano al corrente: here the subjunctive is dependent upon the main verb which expresses opinion.

3 **matta per i figli**: obsessed with the children
matto/pazzo is often used with the meaning of obsessed, wild: **I giovani vanno matti per la musica pop.** Young people are wild about pop music.

4 **badi soltanto a loro**: you only look after them

5 **attaccabottoni**: an incessant talker →

6 **una che voglia avere il suo mestiere e vivere la sua vita**: a
woman with a life and a job of her own is obviously not what
Romeo wants. The choice of the subjunctive underlines his
dislike or prejudice against such a wife and it reflects his
maschilismo (sexism). It would be perfectly possible,
linguistically, to say '**una donna che vuole il suo mestiere e
la sua vita**'; this would describe objectively a certain type of
woman.

7 **nel vestire, nel camminare**, etc.: in the way of dressing,
walking, etc.
These are infinitives, which are used in Italian as masculine
nouns and may take article and preposition. They are used as
subjects or objects of a sentence and often correspond to the
-ing form of English verbs:
Preferisco il mangiare al bere. I prefer eating to drinking.
Col passar del tempo. As time goes by.

8 **da noi**: in our village. **Da** + noun or personal pronoun can
refer to a person's family, home, workplace, village, country
of origin, the exact meaning coming from the context:
Passiamo da lui? Shall we go to his office, home, shop, etc.?
Da noi si parlano molti dialetti. In our country we speak
many dialects.

Esercizio 29

Can you find the opposite of these adjectives used by Romeo?

1 ottimo
2 carina
3 di buon gusto
4 trascurata
5 splendida
6 serena
7 di buon senso
8 sceme
9 preparata
10 amareggiate

*"Sarà molto romantico qui, ma penso che
sia meglio che paghino la luce!"*

Esercizio 30

*Imagine that you are discussing Lettura 1 with a friend and while he
defends Romeo's views, you criticize his total lack of understanding of
women's issues in today's society:*

Friend   La lettura mi è piaciuta, Romeo ha ragione, non ti pare?

You   ....
  [*What are you saying? He is not right! I agree with those
  (women) who laugh at him and think he's mad!*]

Friend   Davvero? Tutto sommato cosa vuole lui? Una moglie che
  non sia né troppo bella né trascurata, che . . .

You   ....
  [*. . . a wife, above, all who is not an intellectual and doesn't
  want to have a life or a job of her own.*]

Friend   Ma non trovi importante che la moglie stia in casa a
  badare ai bambini?

You   ....
  [*Quite! A woman, in his opinion, only needs to be cultured
  so that she can run the house, know how to deal with the
  maid and teach her children the difference between the
  conditional and the subjunctive.*]

Friend   Se non altro non dice che una donna deve solo essere
  carina. Non sei d'accordo almeno sul fatto che una donna
  debba aver buon gusto?

You ....

[*I most certainly do! And it's also important that she has a
sense of humour. That's why Romeo can't find the perfect
wife.*]

Grammatica

The subjunctive

The subjunctive has four tenses: present, perfect, imperfect and
pluperfect. It is used mainly in dependent clauses after **che** and
after certain specific conjunctions, as well as in some relative
clauses and after imperatives. In this lesson we will look at the
present and perfect tenses. See Lesson 4 for the past tenses and *if*
clauses.

Present subjunctive

The endings for all verbs, even those with irregular stems are:

	-are verbs	**-ere** and **-ire** verbs
io	**-i**	**-a**
tu	**-i**	**-a**
lui	**-i**	**-a**
noi	**-iamo**	**-iamo**
voi	**-iate**	**-iate**
loro	**-ino**	**-ano**

Note that since the first three persons singular have the same
endings, in the present subjunctive it is often necessary, for the
sake of clarity, to use the subject pronouns **io**, **tu** and **lui/lei**.

- **Present subjunctive of auxiliary verbs**

avere	essere
abbia	**sia**
abbia	**sia**
abbia	**sia**
abbiamo	**siamo**
abbiate	**siate**
abbiano	**siano**

- **The perfect tense** is formed as with the indicative by using
  avere and **essere** + past participle:
  che io abbia comprato, etc.
  che io sia venuto/a, etc.

- **Some irregular present subjunctives:**

andare	**vada vada vada andiamo andiate vadano**
dare	**dia dia dia diamo diate diano**
dire	**dica dica dica diciamo diciate dicano**
dovere	**debba debba debba dobbiamo dobbiate debbano**
fare	**faccia faccia faccia facciamo facciate facciano**
sapere	**sappia sappia sappia sappiamo sappiano sappiano**
scegliere	**scelga scelga scelga scegliamo scegliate scelgano**
stare	**stia stia stia stiamo stiate stiano**
tenere	**tenga tenga tenga teniamo teniate tengano**
tradurre	**traduca traduca traduca traduciamo traduciate traducano**
uscire	**esca esca esca usciamo usciate escano**
venire	**venga venga venga veniamo veniate vengano**
volere	**voglia voglia voglia vogliamo vogliate vogliano**

- **Uses of the subjunctive**

The subjunctive is used:

1 in secondary clauses after che:
- when the main verb expresses an emotion (fear, joy, hope, pleasure, displeasure) such as: **temo, spero, sono contento, mi dispiace che** or opinion: **mi pare, penso, credo, immagino, pretendo che**
- when in the main clause there is an impersonal expression such as: **è meglio che, basta che, non è che, si dice che, il fatto è che,** etc.

2 in secondary clauses preceded by:
- *although*   **sebbene, quantunque, benché**
- *so that*   **affinché, perché, in modo che**
- *provided that*   **purché, a patto che, a condizione che**
- *unless*   **a meno che non**
- *before*   **prima che**
- *without*   **senza che**

3 In some relative clauses:
- after the superlative. **Il più/il meno ... che**
- after a preposition with restrictive meaning:
  l'unico che, il solo che, il primo che, l'ultimo che
- after negative expressions such as: **non** followed by negative adjective or pronoun + **che**
  Non c'è nessuno che mi capisca.

58

- after indefinite adjective and pronouns:
  Qualcuno/uno/nessuno/qualcosa che . . .

4 in modern (written and spoken) Italian the indicative replaces
the subjunctive with increasing frequency (even when the
subjunctive should be used):
Spero che ha capito.
instead of the more accurate:
Spero che abbia capito.

Aspetta, papà . . . vuoi che ti faccia la foto?

Esercizio 31

*Complete these sentences with the correct form of the present
subjunctive:*

1 Non mi pare che Maria. . . (sapere) sostenere una conversazione
   intelligente.
2 Speriamo che voi non . . . (spendere) troppi soldi.
3 È facile [it is likely] che io . . . (arrabbiarsi) parlando di politica.
4 Mi da fastidio che tutti . . . (fumare) al ristorante.
5 Mi sembra impossibile che lei . . . (avere) già finito.
6 Non gli piace che io lo . . . (contraddire).
7 Non è che io lo. . (conoscere) bene.
8 Credo che Romeo non . . . (essere) un gran buon partito!
9 Hanno paura che le donne non . . . (insegnare) le buone maniere
   ai bambini.
10 Ci dispiace che i nostri genitori . . . (fermarsi) così poco.

Esercizio 32

Complete these sentences with the correct form of the present subjunctive and then translate them into English:

1 Romeo cerca moglie, benché . . . (avere) molte difficoltà a trovarla.
2 Ti porto fuori purché tu . . . (comportarsi) bene.
3 Ti telefono prima che . . . (cominciare) il film.
4 Mando i miei figli in Inghilterra affinché . . . (imparare) l'inglese.
5 Stasera stiamo in casa a meno che tu non . . . (volere) uscire.
6 Non capisco perché lui . . . (restare) in città d'estate.
7 Malgrado tutti . . . (andare) in vacanza, la città è affollatissima.
8 Capisco benissimo senza che tu me lo . . . (ripetere).
9 Farò in modo che Mario . . . (venire) anche lui.
10 Mario viene a condizione che tu . . . (portare) i bambini.

Esercizio 33

Complete the following sentences using the present subjunctive of the verbs given in brackets:

1 È il più bel ragazzo che io . . . (conoscere).
2 È l'unico che . . . (dire) la verità.
3 Non ci sono molti che . . . (dare) mance così generose.
4 Hanno bisogno di qualcuno che li . . . (aiutare).
5 Non sono i primi che . . . (avere) capito.
6 Non conosco nessun italiano che . . . (stirare) le proprie camicie.
7 Non c'è niente che voi . . . (potere) fare.
8 Questo è il profumo meno caro che ci . . . (essere).
9 È la sola ragazza che . . . (guardare) lo sport alla TV.
10 Voglio comprare qualcosa che . . . (andare) bene in vacanza.

Esercizio 34

Now, to revise the use of the subjunctive, go back to the first passage and see how many subjunctives you can find.

Conversazione 2

A un piccolo ricevimento

Francesca and her boyfriend Marino are at a party at the house of their young friends, Marco and Monica:

Marino	Guarda Francesca, chi sono quei due là nell'angolo?
Francesca	Credo che siano il fratello di Monica e la sua ragazza, perché?
Marino	Perché mi danno proprio sui nervi. Siamo qui da venti minuti e in tutto questo tempo non hanno fatto altro che sbaciucchiarsi o sussurrarsi paroline all'orecchio.
Francesca	Ma sai che sei proprio intollerante! Sono innamorati.
Marino	Vuoi che faccia anch'io così, tesoro bello, che ti stia sempre attaccato, ti guardi negli occhi e sospiri tragicamente per convincerti del mio grande amore? . . .
Francesca	Per carità! Piuttosto, mi pare che quella pettegola della Giovanna stia dirigendosi in questa direzione, fa finta di niente e continua a parlarmi finchè non se ne va.
Marino	Non vuoi che la chiami?
Francesca	Tu fa come vuoi, io vado a chiacchierare con la Mimma, che è appena arrivata coi bambini.
Marino	Allora vado in terrazza a far quattro chiacchiere con Anna e Stefano, chissà che non mi presentino a quella bella ragazza che c'è con loro.
Francesca	Sta' attento, però che se cominci a far lo stupido te le sussurro io le paroline all'orecchio . . .

New words:

sbaciucchiarsi	to keep kissing
sussurrare	to whisper
paroline	sweet nothings, endearments
attaccato	close/stuck
per carità!	please!
chiacchierare, far quattro chiacchiere	to have a chat

Notes on Conversazione 2

1 **mi danno sui nervi**: they get on my nerves
  Note that the possessive adjective is omitted:
  Ci da sui nervi.   He/she gets on our nerves.

2 **da venti minuti**: we've been here 20 minutes
  Note the use of **da** + <u>present</u> tense to describe length of time:
  Vivo a Milano da due mesi.
  I've been living in Milan for two months (and I'm still there).
  but: **Ho vissuto a Milano per due mesi.** I lived in Milan for two months (but I've now moved).

3 **tesoro bello. Tesoro** is masculine, so the adjective is masculine. The same applies to other terms of endearment: **gioia mia**, **amore mio**, which can be used for men and women.

4 **finchè non se ne va**: until she goes away
  Finchè with the meaning of *until* always takes **non**:
  Aspetto qui finchè non torna.
  I'll wait here till she comes back.

5 **chissà che non mi presentino**: I hope that/perhaps they will introduce me. Note the use of **non**+subjunctive to express wish or uncertainty:
  Chissà che non smetta di piovere.
  Perhaps it will stop raining.

6 **far lo stupido**: to behave in a silly manner
  This is a commonly used expression, which can escalate to:
  far lo scemo, far l'imbecille, far il cretino.

62

Esercizio 35

After reading or listening carefully to Conversazione 2, answer these questions:

1 Che cosa dice Marino del fratello di Monica e della sua ragazza e perché?
2 Perché Francesca vuole evitare Giovanna?
3 Con chi vuole fare quattro chiacchiere Marino?
4 E chi spera che gli presentino?
5 Perché Francesca minaccia scherzosamente Marino?

Esercizio 36

Change these sentences as in the example, using **chissà che non** + *subjunctive:*
Allora si ferma qualche giorno? ... una settimana!
Chissà che non si fermi una settimana!

1 Allora si compra una motocicletta? ... macchina.
2 Vengono domani?   ... al weekend.
3 Allora, ritornano lunedì?   ... la settimana prossima.
4 Cerca un altro lavoro?   ... aver già trovato!
5 Il treno arriverà in ritardo?   ... in orario!

Poesia

New words:

gemme	buds
ricci	husks
calpestano	they trample upon
intronato	deafened
sottosuolo	subsoil
sughero	cork
intasate	clogged
scorza	bark

In this poem Primo Levi, who lived in Milan at the time, talks about his 'neighbour' and describes the joys and some of the problems of living in the city that he and his neighbour encounter.
The poem was written in 1980 when Levi was 71.

Cuore di legno – Primo Levi

Il mio vicino di casa è robusto.
È un ippocastano di corso Re Umberto
Ha la mia età ma non la dimostra.
Alberga passeri e merli, e non se ne vergogna,
In aprile, di spingere gemme e foglie,
Fiori fragili a maggio,
A settembre ricci dalle spine innocue
Con dentro lucide castagne tanniche
È un impostore ma ingenuo, vuole farsi credere
Emulo del suo fratello di montagna
Signore di frutti dolci e di funghi preziosi.
Non vive bene. Gli calpestano le radici
I tram numero otto e diciannove
Ogni cinque minuti; ne rimane intronato
E cresce storto come se volesse andarsene.
Anno per anno succhia lenti veleni
Dal sottosuolo saturo di metano;
È abbeverato d'orina di cani,
Le rughe del suo sughero sono intasate
Dalla polvere settica dei viali;
Sotto la scorza pendono crisalidi
Morte, che non saranno mai farfalle.
Eppure, nel suo tardo cuore di legno
Sente e gode il tornare delle stagioni.

Un ippocastano

Esercizio 37

Read and listen to the poem a few times, check the words in the dictionary, if necessary, and then try to answer these questions:

1 Chi è il vicino del poeta?
2 Continuate la lista dei motivi per cui l'albero 'non vive bene': i tram, i lenti veleni, ...
3 Perché le crisalidi non saranno mai farfalle?
4 Pensate che il poeta abbia anche lui 'un tardo cuore di legno'?

Lettura 2

Cronache di poveri amanti

Vasco Pratolini

New words:

caposquadra	head of the team
Nettezza (Urbana)	Refuse Collection
carbonaia	coal merchant
trecce	plaits
messi insieme	living together
toppa	repair/patch
bettola	tavern

This dialogue is taken from the novel **Cronache di poveri amanti** *written in 1947 by Vasco Pratolini (born in Florence in 1913). Two young people, Musetta and Renzo, both living in a poor part of Florence, meet for the first time and this is the beginning of their love story. Note the simple, sometimes colloquial, but lively language with many useful everyday expressions:*

Renzo   Tu come ti chiami?

Musetta   Musetta. Tu Renzo, lo so. La tua mamma ha già fatto amicizia con la mia, e con le altre donne.

Renzo   Sei la figliola del caposquadra della Nettezza, vero?

Musetta   Sì, e mia sorella è la padrona della carbonaia

Renzo   Chi è quella tua amica con le trecce sulle spalle?

Musetta   Adele, ma con lei non c'è nulla da fare. È fidanzata a mio fratello.

Renzo	Lo chiedevo per curiosità. E quella bassina?
Musetta	Piccarda dici? È la sorella dell'ex-ferroviere che abita al numero 2. Anzi è la cognata della sorella di Adele, perché Bruno, l'ex ferroviere, ha sposato Clara. E i loro genitori si sono messi insieme . . . Già a spiegarlo è piuttosto complicato, ma basta che ti affiati con la strada, e vedrai che non c'è nulla di straordinario. In via del Corno anche se a volte c'e buriana ci vogliamo tutti bene.
Renzo	Me ne accorgo. Siete tutti parenti!
Musetta	Siamo tutti una ghega, dice lo Staderini. Lo Staderini saprai chi è, spero.
Renzo	Mi ha recitato un canto dell'Inferno mentre mi metteva una toppa a questa scarpa.
Musetta	Dante è la sua fissazione, ma in via del Corno non lo ascolta più nessuno. È costretto a declamare in una bettola di via dei Saponai.
Renzo	Eppure recita i versi come un professore. Ti piacciono le poesie?
Musetta	Le capisco poco. A te piacciono?
Renzo	A me sì. . . . Leggere ti piace?
Musetta	Abbastanza, ma non trovo mai il tempo.
Renzo	Io ho una biblioteca di quattordici volumi. Se vieni ti posso prestare qualche romanzo.
Musetta	Parlano d'amore?
Renzo	Anche . . .

Notes on Lettura 2

1 **quella bassina**: the small one
The diminutive suffix is used to soften the use of the adjective **bassa** (short). See also Grammatica in this lesson.

2 **buriana**: uproar and **ghega**: band
Both these expressions are in the Tuscan dialect.

3 **ci vogliamo bene**: we love one another
Voler bene is the verb most commonly used to express love (with friends, lovers, family, etc.); **amare** is used more in writing and describes more passionate feelings.

Esercizio 38

Complete this list of relatives, some of which are in Conversazione 2:

1 Nati dagli stessi genitori
2 Genitori dei genitori
3 Figlio del figlio
4 Figlio di un fratello
5 Figlio degli zii
6 Marito della sorella
7 Padre della moglie
8 Madre della moglie
9 Marito della figlia
10 Moglie del figlio

Esercizio 39

After carefully reading or listening to Conversazione 2, answer these questions:

1 Come mai Musetta sa già come si chiama Renzo?
2 Chi fa la carbonaia?
3 Che lavoro fa lo Spaderini?
4 A chi piacciono le poesie?
5 Secondo Renzo la sua biblioteca è grande? E la è davvero?

Annunci matrimoniali

1
Pensionata 70enne, sola, buon carattere, sensibile, cerca distinto, solo settentrionale, amante animali, economicamente indipendente per seria unione. Carta identità n. 1234093 Fermo Posta Cordusio - Milano.

2
Serio 40enne, riservato, celibe, simpatico, alto 1.80, snello, cerca donna massimo 45enne, dinamica, senza figli, anche straniera, per eventuale unione matrimonio. Patente RC 3104458 L - Fermo Posta - San Giacomo di Veglia - Chieti.

3
Detenuto 35enne corrisponderebbe con ragazze di tutta Italia anche madri per ev. unione. Piero Cetti-Casa Circ., Vallo della Marnia - Napoli.

4

37enne nubile, casalinga, cerca distinto, serio, alto, massimo
45enne per ev. matrimonio. Carta id. 3628056 - Fermo Posta Bagni
di Lucca - Lucca.

Esercizio 40

*After reading the 'Annunci matrimoniali' (ads) which appeared in
the magazine 'Cronaca vera' (July 1995), can you answer these
questions?*

1 Quali annunci sono scritti da donne?
2 Traducete : Fermo posta - Patente
3 Un signore di Napoli di 72 anni potrebbe andar bene per
  l'annuncio 1? Perché?
4 La persona dell'annuncio 4 potrebbe trovare . . . un'anima
  gemella tra gli altri tre annunci? Quale?
5 L'annuncio numero 3 è diverso dagli altri tre, perché?

Conversazione 3 - Genitori e figli

*Two middle-aged friends discuss the difficulty that their children face
these days in getting jobs and leaving home:*

Luigi   I tuoi figli vivono ancora con voi?

Gianni   Il più vecchio, Marco, adesso è sposato e vive fuori
Verona con la moglie. I due più giovani invece sono
ancora qui e purtroppo sono ancora <u>disoccupati</u>.

Luigi   Anche i nostri. Carlo ha appena finito il servizio militare e
sta cercando lavoro. Mariella invece aveva trovato un
buon posto alla Gamma, ma la ditta si è trasferita a
Milano e lei non voleva muoversi.

Gianni   Anna ha la stessa età della Mariella, mi pare. Ha 23 anni e
non è facile che trovi lavoro con il solo diploma di
<u>maestra</u>. Di posti ce ne sono pochi.

Luigi   Non è che non si vogliano tenere i figli con noi, ma alla
nostra età non dovremmo più aver queste preoccupazioni.

Gianni   Io a 18 anni ero già indipendente. E <u>mi spiace</u> per i
giovani di oggi, ci sono meno posti, gli <u>alloggi</u> sono pochi
e cari e mancano i <u>sussidi</u>.

Luigi   Ma forse li abbiamo anche <u>viziati</u>, tutto sommato è
comodo starsene con i genitori, senza responsabilità e
senza spese . . .

68

Gianni È quello che dice mia moglie, ma non si può fare come certa gente che sbatte i figli fuori di casa e li lascia che si arrangino da soli.

Luigi Eh, li ho visti quand'ero in Inghilterra, tanti giovani che dormivano negli androni degli uffici o sotto i ponti.

Gianni Non solo in Inghilterra ... Ci sono anche qui, sai, i senzatetto. In molte famiglie oggigiorno il reddito non basta per mantenere anche i figli adulti.

Luigi Già! Io i figli li mantengo benché il governo non aiuti.

Gianni Appunto. Non ci sono corsi di tirocinio o di formazione aziendale che possano aiutare i giovani a trovar lavoro?

Luigi Forse val la pena di informarsi.

New words:

disoccupati	unemployed
maestra	primary school teacher
mi spiace	I am sorry
alloggi	accommodation/homes
sussidi	(welfare) benefits
viziati	spoilt
sbatte fuori	(people) throw out
si arrangino	they cope by themselves
androni	doorways
senzatetto	homeless
reddito	income
mantenere	to keep
tirocinio	training
formazione aziendale	vocational training

Notes on Conversazione 3

1 val la pena di informarsi: it's worth finding out
Note that here, as with all impersonal expressions followed by a verb, you must use the infinitive when the dependent clause does not have a subject, however, but you must use the subjunctive when the dependent clause has a subject: →

> **Non val la pena che tu venga fin qui.**
> It's not worth your while coming here.
> **È importante avere titoli di studi**
> It's important to have qualifications.
> But:
> **È importante che tutti abbiano titoli di studio.**
> It's important for everybody to have qualifications.

Esercizio 41

Complete these sentences, which describe some of the issues discussed in Conversazione 3:

1 I figli non sposati di Gianni e di Luigi . . .
2 Mariella non lavora più alla Gamma perché . . .
3 Anna, con il solo diploma di . . .
4 Gianni sostiene che a 18 anni lui . . .
5 Gli dispiace per i giovani di oggi perché . . .
6 A Luigi i figli sembrano un po' viziati perché . . .
7 In Inghilterra . . .
8 Il governo italiano . . .
9 Alcuni genitori mandano via di casa i figli adulti perché . . .
10 I due amici alla fine decidono di . . .

Grammatica

Diminutive, augmentative and pejorative suffixes.

These suffixes can be added to words (nouns and adjectives) and modify their meaning:

1 Diminutive suffixes

● **-ino/a, -etto/a, -ello/a** indicate smallness and often imply endearing qualities. They are frequently used both in speaking and writing. But it is important to remember that not all suffixes can be added to all words. Experience in reading and listening will help you choose suitable ones:

la mano	**la manina**
vecchio/a	**vecchietto/a**
bottega	**botteghina/botteghino** (box-office, lottery shop)*

vento	**venticello**
poco	**pochino** (very little)
casa	**casina, casetta**
cara	**carina** (pretty)
brutta (ugly)	**bruttina** (a little unattractive)

- **-uccio/a** can also be an endearment but can also have a pejorative meaning:

Maria	**Mariuccia** (dear Mary)
cosa	**cosuccia** (an insignificant little thing)

2 Augmentative suffixes

- **-one/a** added to a noun it means *big*:

uomo	**omone**
porta	**portone** (m) (main door)★
donna	**donnone** (m) [a big woman]★

★ Note that these and other feminine nouns become masculine when a suffix is added.

- **-occio** and **-otto** are less common and mean, respectively, 'fairly' and 'sturdy'.

ragazzo	**ragazzotto** (sturdy boy)
bella	**belloccia** (fairly attractive)

3 Pejorative suffixes

- **-accio/a** and **-astro/a** (rarely used and meaning *fake*) give the word unpleasant connotations:

ragazzo	**ragazzaccio** (bad/dishonest boy)
tempo	**tempaccio** (foul weather)
donna	**donnaccia** (whore)
poeta	**poetastro** (hack poet)

- **But note:**

fratellastro	half-brother, step-brother
sorellastra	half-sister, step-sister

these words tend to be avoided in modern Italian, because of their negative connotations.

Esercizio 42

Read these sentences, all taken from Giuseppe Marotta's **Oro di Napoli** (**Bompiani** *1977). Marotta was a Neapolitan writer. His short stories describe, with great humour and love, the everyday lives of the inhabitants of the 'bassi' of Naples. The short stories quoted here are 'Giugno' and 'Il numero vincente'.*
Translate the words with suffixes which are given in bold:

1 Giugno mi dai Napoli su un **piattino** come la comunione
2 Per i ragazzi dei vicoli giugno è il mese dei **carrettini**.
3 **Il carrettino** è una **tavoletta** su quattro **rotelle** di legno [. . .]
   con uno sterzo comandato da due **cordicelle**.
4 Un **vecchietto** si mette a scavare nella sabbia e [. . .] ne fa
   regolari **mucchietti**.
5 Il sasso [. . .] aveva tenuto fermi i **calzoncini** e la **maglietta** [del
   bambino].
6 Carmela Abate era una straripante **donnetta**.
7 In quel momento si udì lo scalpiccio del **ragazzetto** che gli
   portò il primo numero estratto dal **botteghino** del lotto.
8 Fece apparire un **vasetto** di fiori finti.
9 Don Leopoldo poté vedere un arcaico **pistolone**.
10 Si accosta alla **fontanella**.

'I bassi' di Napoli

Lesson 4 – Lezione quarta
Il tempo libero

*In this lesson you will find out how Italians spend their free time
and what changes there have been in Italian society since the 60's.
You will learn expressions used in leisure activities from clubbing to
going to the theatre and the cinema, to staying in, watching
television and reading.
You will learn how to:*
- *use and understand hypothetical phrases*
- *advise, warn, predict*
- *express something unreal, unlikely or untrue*

The grammar will include:
- *uses of imperfect and pluperfect subjunctive*
- *if clauses - se+ **congiuntivo***
- *uses of all tenses of the subjunctive in main and dependent
  clauses*

La televisione

Conversazione 1

Cos'hai visto alla TV?

*Anna and Nino discuss what they have been watching on television
(see pages 75 and 76 for TV programmes for **mercoledì 7 giugno**)
during a coffee break at work.*

Anna Hai visto il film su <u>Raidue</u> con Rebecca de Mornay ieri
sera?

Nino Il film? Ma scherzi, ieri c'era la finale della Coppa Italia su
<u>Raiuno</u>, avevo invitato degli amici e siamo rimasti <u>attaccati</u>
al televisore fino alle 11.

Anna Non sapevo che fossi così fanatico del calcio. <u>Perlomeno</u>
spero che ti sia divertito!

Nino Certo! E tu? Pensavo che tu preferissi le <u>rubriche</u> serie o i
documentari.

Anna   Guardo anche quelli, ma il film era proprio bello, ed è anche relativamente recente. Comunque ho guardato anche il telegiornale a Raitre.

Nino   Naturalmente, io ormai per quanto riguarda l'attualità preferisco la TV ai giornali. Ma solo Raitre, non la Rete 4 dove le notizie le ficcano nell'intervallo tra gli altri programmi. Però io guardo anche le notizie locali su Verona due.

Anna   Non posso sopportare tutte le réclame sulle reti locali. Ma ieri ho visto Anna Maria Rossi, è il nuovo assessore comunale, eravamo a scuola insieme, sai?

Nino   Davvero? Sembra in gamba e se non altro pare che sia riuscita a far approvare la costruzione del nuovo Nido d'Infanzia a Castel San Pietro.

Anna   Non vedo l'ora che lo facciano. Ci manderei senz'altro i miei bambini.

Nino   Anche noi. E guardi mai i giochi, tu? Mia moglie ci va matta. Soprattutto 'La ruota della fortuna'.

Anna   Beh, sì, li seguo anch'io, ma per qualcosa di leggero preferisco un buon film e qualche volta uno show.

Nino   Allora ricordati che domani c'è la prima trasmissione di Viva Napoli con Mike Bongiorno. Carla è napoletana e ci tiene molto a vederla.

Anna   Perché non venite da noi? Vi preparo una bella cenetta e poi guardiamo insieme il programma.

Nino   Grazie dell'invito, dò un colpo di telefono a Carla e ti saprò dire.

New words:

attaccati	stuck
perlomeno	at least
rubriche	features
telegiornale	news bulletin
attualità	current affairs
ficcano	*(fam.)* they put
le réclame	commercials
reti locali	local stations
assessore comunale	town councillor
Nido d'Infanzia	crèche
trasmissione	broadcast
ti saprò dire	I'll let you know

Eh, potremmo vivere nel lusso . . . se non dovessimo mangiare!

Notes on Conversazione 1

1 **Raitre, Raidue, Reti locali**
Raiuno, Raidue and **Raitre** are the three national, state-run networks. The **Reti locali** are small private, local stations. Verona, quoted in the conversation, a town of 250,000 inhabitants, has two private TV stations. There are also private, national TV stations such as: **Rete 4**, **Canale 5** and **Italia 1**.

2 **giochi**: games
Giochi is also used for children, Olympic and card games
gioco di parole   play on words
doppio gioco   double crossing
gioco d'azzardo   gambling

3 **Ruota della Fortuna**: Wheel of Fortune
One of the many daytime game shows.

4 **cenetta**: a small/informal dinner
Note the use of the dimunitive to make the invitation less formal.

5 **un colpo di telefono**: a phone call
(less formal than **telefonata**)

Mercoledì 7 giugno 1995

RAIUNO	RAIDUE
6.45 Unomattina	7.00 Quante storie! programma per bambini
9.35 Il cane di papà telefilm	9.10 La clinica della foresta nera
10.05 Gli amanti della città sepolta film (USA) 1994	9.55 Quando si ama soap opera
11.45 Utile, futile!	12.10 Un medico tra gli orsi
12.35 La signora in giallo telefilm	13.00 TG 2 - Giorno
13.30 Telegiornale	13.55 Quante storie Disney!
14.15 Salagiochi gioco	14.30 Paradise Beach soap opera
15.00 Voglia di vincere telefilm	15.00 Santa Barbara soap opera
15.45 Cartoni animati	15.50 Pomeriggio sul 2
17.30 Zorro - telefilm	16.30 Commissario Navarro
18.00 TG 1	18.10 TGS - Sportsera
18.10 Italia sera attualità	18.45 I due volti della giustizia telefilm
18.50 Luna Park gioco	19.45 TG 2 - Sera
20.00 Telegiornale	20.20 Ventieventi gioco
20.40 Calcio: Juventus-Parma Finale Coppa Italia	20.40 Prigioniera del suo passato film (USA) 1994
22.35 TGS - Speciale Finale Coppa Italia	22.20 Mixer giovani-Davvero
23.05 TGS - Mercoledì sport	23.30 TG 2 - Notte
	24.00 TG1 - Notte

RAITRE	CANALE 5
12.40 Vita da strega	9.00 Maurizio Costanzo show
13.25 Donne in musica	11.45 Forum rubrica
14.00 TGR - TG regionali	13.00 TG 5
14.20 TG 3 - Pomeriggio	
14.50 TGR - Bellitalia	13.40 Beautiful soap opera
15.1 Avvenimenti sportivi	15.20 Ninotchka - film (USA) 1939
14.10 Complotto di famiglia Francia - da Parigi	15.25 Le più belle scene da un matrimonio rubrica
19.00 TG 3 - Regionali	16.00 Cartoni animati
19.50 Blob Soup	18.00 OK Il prezzo è giusto
20.10 Blob - Di tutto un po'	19.00 La ruota della fortuna gioco
20.30 Mi manda Lubrano rubrica	20.00 TG 5
	20.25 Striscia la notizia varietà
22.30 TG 3 - Ventidue e trenta	20.40 Scene da un matrimonio show rubrica
22.45 TGR - TG regionali	
22.55 Bar Condicio piano bar	22.45 TG 5
23.55 Prima della Prima	23.15 Maurizio Costanzo show

RETE 4	ITALIA 1
7.30 **Tre nipoti e un maggiordomo** telefilm	9.20 **Chips** telefilm
8.00 **Manuela** telenovela	10.25 **Speciale Referendum '95**
9.00 **Buona giornata**	11.00 **Babysitter** telefilm
9.15 **Il disprezzo** telenovela	12.25 **Studio aperto**
10.20 **Grandi magazzini**	12.30 **Referendum ' 95**
10.35 **Febbre d'amore** soap opera [Nell'intervallo: 11.30 TG 4]	12.50 **Ciao ciao** Programma per bambini
11.40 **Rubi** telenovela	14.30 **Smile** Programma per bambini
12.20 **Cuore selvaggio** - telenovela	14.35 **Non è la RAI** varietà
13.00 **Sentieri** soap opera	16.30 **Neon rider** telefilm
13.30 **TG 4**	17.30 **Benny Hill Show**
14.20 **Naturalmente bella** rubrica	17.45 **Primi baci** telefilm
15.30 **La donna del mistero 2** telenovela	18.20 **Tequila e Bonetti** telefilm
16.25 **Agenzia matrimoniale** rubrica	19.30 **Studio aperto**
17.1 **Perdonami** rubric	19.50 **Studio sport**
18.00 **Punto di svolta** attualità [Nell'intervallo: 19.00 TG 4]	20.00 **Karaoke** musicale a Fiuggi
20.30 **La baia di Napoli** film (USA)	20.45 **Non dite a mamma che la sposo** film (USA) 1994
22.45 **Matrimonio con vizietto** film (Italia) 1985	22.40 **Referendum '95**
	22.45 **Anteprima: 15 anni di TV**
	23.30 **Calcio** il Milan in Cina
	1.15 **Italia 1 sport**

Esercizio 43

After looking at the Italian television programmes listed above, answer these questions:

1 A che ora c'è il telegiornale su Rai 3 e sula Rete 4 alla sera?
2 Vi pare che trasmettano molti film stranieri sulle reti televisive italiane?
3 Su che rete potreste guardare più giochi?
4 Su quale rete c'è più sport?
5 Se foste appassionati di *soap opera e telenovela* che canale scegliereste?
6 Se i bambini volessero vedere cartoni animati a che ora guarderebbero la TV?
7 A che ora va in onda il film americano **La baia di Napoli**? E su quale canale?

Grammatica

The subjunctive – imperfect and pluperfect tenses

The imperfect tense of the subjunctive is formed by removing the ending **-re** from the infinitive and adding:

-ssi	**-ssimo**
-ssi	**-ste**
-sse	**-ssero**

Examples:

Ha voluto che io ci	**andassi**.	She wanted me to go there.
Mi pareva che tutti	**conoscessero**.	I thought that they all knew.
Credevamo che lui	**dormisse**.	We thought that he was asleep.

The imperfect subjunctive of the auxiliary verbs:

avere	essere
avessi	**fossi**
avessi	**fossi**
avesse	**fosse**
avessimo	**fossimo**
aveste	**foste**
avessero	**fossero**

The following verbs have irregular stems in the imperfect subjunctive:

dare: dessi dessi desse dessimo deste dessero
stare: stessi stessi stesse stessimo steste stessero

A few verbs have irregular imperfect subjunctives formed from the same stem as the imperfect indicative:

bere:	**bevessi**
condurre:	**conducessi**
dire:	**dicessi**
fare:	**facessi**
tradurre:	**traducessi**

Pluperfect subjunctive:

avessi guardato
fossi venuto/a

Uses of the imperfect and pluperfect subjunctive

1 'If' clauses:

- The imperfect and pluperfect tenses of the subjunctive are used in hypothetical clauses with *if* - *se*: when the main verb is in the present or past conditional (but not when it is in the future or present tense):

present: **Se costa poco ci va molta gente.**
future: **Se costerà poco ci andrà molta gente.**
possibility: **Se costasse meno ci andrebbe molta più gente.**
impossibility: **Se avessi letto il libretto avresti capito meglio l'opera.**

Barbone *"Se lavorassi, non sarei così povero."*
Signore *"Se fossi in te mi cercherei subito un lavoro!"*

- Present conditional + imperfect subjunctive are used when you imagine the present or the future to be different (like the tramp in the cartoon):
Se lavorassi, non sarei così povero.
If I worked I would not be so poor!
or even when talking about something unreal, unlikely or untrue (like the gentleman in the cartoon):
Se fossi in te mi cercherei subito un lavoro!
If I were you I'd get a job immediately!

- Past conditional + pluperfect subjunctive are used when you imagine something impossible or which did not happen:
Se non avessero inventato la TV, che cosa avremmo potuto fare alla sera?

2 The imperfect and pluperfect tenses of the subjunctive are used in dependent clauses:

- after verbs expressing feelings, impersonal expressions, indefinite pronouns and conjunctions such as: *although, so that*, etc. (as we have already seen in Lesson 3) when the main verb is in the past tense:

Credevo che stasera voi guardaste Dracula alla TV.
I thought you would all watch Dracula on TV tonight.
No, avevo paura che i bambini si spaventassero.
No, I was afraid the children would be frightened.
Non conosceva nessuno che desse lezioni di musica.
He didn't know anybody who could give music lessons.

3 after **come se**:
Entrate pure! Fate come se foste a casa vostra.
Come in! (*lit.*) Behave as if you were at home.

Uses of the subjunctive in main clauses and in reported speech

1 Sometimes the subjunctive can be used in a main clause:
- to imply doubt or supposition:

Che dormano tutti?	Are they all asleep?
Che l'abbia già saputo?	Did he know it already?
Che fosse vero?	Could it have been true?

- to express a strong wish for something to happen:

Che Dio ti benedica!	May God bless you.
Così sia!	So be it ! Amen!
Se solo sapessi recitare!	If only I could act!

2 In some cases you can use the subjunctive in reported speech (after **dico, non so, non capisco, immagino**) instead of the indicative, when you want to add a note of uncertainty:

Non so chi sia.	BUT: **Non so chi è.**
I don't know who he might be.	I don't know who he is.
Dicevano che fosse fascista.	BUT: **Dicevano che era fascista.**
They said he may be a fascist.	They said he was a fascist.
Non sapevo che cosa avesse fatto.	BUT: . . . **che cosa aveva fatto.**
I didn't know what he may have done.	. . . what he had done.

Esercizio Quiz

*Now, to familiarize yourself with the subjunctive, try this quiz adapted from a students' magazine. Answer the 10 questions about yourself out loud, using the correct form of the verbs, then refer to the **Risultado del Quiz** scorecard and add up your **a, b** or **c** replies. Does the profile given at the end match your own view of yourself?*

Un quiz – E se . . .: Avete fiducia in voi stessi?

Avere fiducia in voi stessi e sentirsi sicuri di sé e all'altezza delle situazioni è molto importante per affrontare la vita con energia e ottimismo:

1 **Se rimaneste da soli:**
   a) leggereste o fantastichereste per i fatti vostri.
   b) non potreste fare a meno di telefonare a qualcuno.
   c) ne approfittereste per mettere in ordine la casa.

2 **Se immaginate un albero, vi appare:**
   a) piccolo, sottile, di giovane età.
   b) malato.
   c) piantato in un terreno impervio e difficile.

3 **Se uno sconosciuto seduto a un tavolo accanto a voi al ristorante vi offrisse da bere che cosa fareste?**
   a) brindereste insieme a lui.
   b) rifiutereste il suo invito.
   c) rimarreste sorpresi e imbarazzati, non sapendo cosa rispondere.

4 **Se vi trovaste in una situazione difficile vi sentireste:**
   a) completamente persi.
   b) un po' preoccupati, ma fiduciosi di farcela.
   c) molto a vostro agio: i problemi vi stimolano.

5 **Se aveste appena aggiustato una sedia che cosa pensereste:**
   a) che si romperebbe sicuramente di nuovo.
   b) che probabilmente si romperebbe di nuovo.
   c) che siete veramente bravi!

6 **Se un vostro amico fosse notevolmente in ritardo che cosa pensereste?**
   a) 'me ne vado!'
   b) che potrebbe essergli successo qualcosa.
   c) che è una bella seccatura!

7 **Se non volete dimenticare il nome di un libro:**
   a) ne ripetete più volte il titolo.
   b) ve lo mettete per iscritto.
   c) non avete mai difficoltà a ricordarvi le cose.

8 **Se un amico si comportasse male verso un altro che cosa fareste?**
   a) lascereste correre.
   b) lo critichereste.
   c) lo critichereste e pensereste che non potrebbe più esser vostro amico.

→

9 Se foste in cima ad una torre che cosa fareste?
  a) non guardereste di sotto. Avreste le vertigini.
  b) sareste affascinati dal panorama.
  c) avreste un po' paura e stareste attenti a non sporgervi troppo.
10 Se una persona anziana avesse difficoltà ad attraversare la strada voi:
  a) la aiutereste senza indugiare.
  b) rimarreste in dubbio.
  c) continuereste per la vostra strada.

Risultato del Quiz:

	a	b	c
1	10	0	5
2	10	0	5
3	5	10	0
4	0	5	10
5	0	5	10
6	10	5	0
7	5	0	10
8	0	10	5
9	0	10	5
10	10	0	5

PROFILI:

A TIPO INSICURO (da 0 a 49 punti)
Siete una persona molto insicura: avete scarsa fiducia in voi stessi e cercate la costante approvazione degli altri per ogni decisione e azione che dovete intraprendere.
B TIPO INCOSTANTE (da 50 a 64 punti)
Siete un tipo incostante; la vostra sicurezza è un po' precaria.
In alcuni momenti vi lasciate prendere dallo sconforto e dalla sfiducia, convinti di non potervela cavare da soli; un momento dopo, tuttavia, riuscite a trovare la fiducia necessaria per affrontare le difficoltà.
C TIPO SICURO (da 65 a 76 punti)
Siete un tipo abbastanza sicuro: sapete utilizzare sempre al meglio una buona dose di fiducia e di sicurezza in voi stessi, anche se non mancano momenti di dubbio in cui avreste bisogno dell'approvazione degli altri.
D TIPO MOLTO SICURO (da 77 a 100 punti)
Siete estremamente sicuri di voi. Anche le situazioni più difficili non vi creano alcun problema, vi trovate sempre all'altezza di tutto. Non sembrate avere mai dubbi né cercate l'approvazione degli altri.

Esercizio 44

Complete the following sentences using the correct form of the imperfect subjunctive:

1 Studierei di più se ... [avere] più tempo.
2 Andrei al cinema più volentieri se i film ... [essere] più interessanti.
3 Preferirei che voi ... [venire] da soli.
4 Mi piacerebbe vedere il film di Bertolucci se non ... [finire] così tardi.
5 Se ... [stare] in casa tutto il giorno, diventerei matta!

Gustavo Dorè : Caronte – Inferno, Canto III

Lettura 1

La vita mondana – <u>Carontini</u>

*This 'mythological guide' to Roman night-life is taken from a short
story by Sandro Veronesi (born in 1959) from his book **Gli sfiorati** –
published in 1990. In it he describes the lives of today's young people
and their parents, who lead their rather superficial and materialistic
existence barely touched (**sfiorati**) by life.*

Nelle fredde notti d'inverno il centro di Roma diventa lugubre
come lo <u>Stige</u>, e vi si aggirano solo ombre <u>intirizzite</u> o <u>tetre</u> bande
di giovani senza speranza. La città <u>rincasa</u>, per così dire, e la <u>vita
mondana</u> si ritira nei <u>locali</u>. Alcuni di questi, per selezionare la
clientela <u>si dotano</u> però di un sistema di filtri, dal biglietto
d'ingresso esageratamente caro fino all'arbitraria discriminazione
fra le facce che si accalcano contro la porta d'ingresso.
Generalmente, quanto più sono <u>ambiti</u> questi locali, tanto più si
fanno selettivi, e quanto più si fanno selettivi, tanto più sono
ambiti. Avervi accesso diventa <u>pertanto</u> un privilegio.
I <u>Carontini</u> sono esseri seppelliti dalla solitudine, disdegnati dalle
donne e derisi dagli uomini, il cui unico titolo di nobiltà, ottenuto a
chissà quale prezzo, consiste proprio nel diritto d'accesso in questi
locali esclusivi, con facoltà d'introdurvi anche gli amici. Ma i
Carontini non hanno amici.

Fanno semplicemente la <u>spola</u> come navette, ogni notte, tra i più
affollati luoghi di ritrovo, raccogliendo persone e <u>traghettandole</u> nei
locali, in cambio di un po' di compagnia. La loro speranza di
<u>imbattersi</u>, prima o poi, in qualcuno che diventi loro amico o in
qualche ragazza che si innamori di loro è <u>inestinguibile</u>. . . .
Di Carontini veri e propri ce ne sono pochi, perché la maggior
parte dei disperati che avrebbero i requisiti per diventarlo
preferiscono rinunciare alla vita mondana, piuttosto che accettare
questa <u>infima</u> condizione. A servirsene invece sono in parecchi,
poichè fanno risparmiare denaro e discussioni con i <u>buttafuori</u>.

Espressioni come 'Prendiamo il primo Carontino' per la tal
discoteca sono abbastanza diffuse tra i <u>nottambuli</u>. . . . Tuttavia,
pur ricorrendo a tanti loro <u>servigi</u> nessuno riflette sul fatto che se
quelli sono <u>Caronte</u>, allora i posti dove trasportano le persone . . .
sono le <u>bolge dei dannati</u>; e che, fra sé e sé, il Carontino potrebbe
sussurrare a chi lo <u>sfrutta</u>:

'Non isperate mai veder lo cielo
io vengo per menarvi all'altra riva
nelle tenebre eterne, in caldo e in gelo.' (Inferno, Canto III)

Ma i Carontini non hanno tempo di leggere Dante, li sfianca troppo
il trottar vano . . .

New words:

intirizzite	stiff	imbattersi	to meet (by chance)
tetre	gloomy	inestinguibile	unquenchable
rincasa	goes back home	infima	lowest/ base
vita mondana	social life	buttafuori	bouncer
si dotano	are equipped	nottambuli	night birds
ambiti	sought after	servigi	favours
pertanto	nevertheless	sfrutta	exploits
traghettandole	ferrying them	sfianca	exhausts
		trottar vano	running in vain

Notes on Lettura 1

1 **Carontini:** Charon-like characters/modern Charons
   Caronte (Charon) was the mythological ferryman who carried
   the souls of the dead across the river Styx into the
   underworld. Dante's description of him is given in the **terzina**
   at the end of this passage.

2 **Stige:** Styx. One of the rivers of the underworld

3 **locali** : *(lit.)* rooms. In modern Italian it is also used to
   describe public places: clubs, discos, bars.
   luoghi di ritrovo - ritrovi: haunts, meeting places.
   locali and **ritrovi** have similar meanings, **locali** being more
   generic. Both are commonly used in spoken Italian.

4 **spola:** *(lit.)* shuttle – **far la spola**: to go back and forth

5 **Inferno Canto III**: in the third **Canto** Dante describes
   Charon ferrying people across the river Styx. In the lines
   quoted here it is Charon speaking.

6 **bolge dei dannati**: the circles of hell where, according to
   Dante, the damned are ferried by Charon.

7 **tenebre eterne**: the everlasting shadows (of death)

Esercizio 45

After reading or listening to Lettura 2 and learning the new words and expressions, answer these questions:

1 Di notte dove si fa vita mondana a Roma?
2 I 'locali più ambiti' come selezionano la clientela?
3 Perché i Carontini continuano ad accettare questa loro 'infima condizione'?
4 E perché i nottambuli si servono dei Carontini?
5 Dove trasporterebbe le persone il vero Caronte?
6 Quali espressioni nel testo descrivono l'aspetto . . . infernale della vita mondana di Roma?

Esercizio 46

Imagine that you are arranging an evening out with an Italian friend while you are on holiday on Lake Garda:

Amico   Cosa ne dici, usciamo stasera?

You   . . . . *[I'd love to, but I don't want to spend too much. What could we do?]*

Amico   E se andassimo sul lungolago? Magari troviamo Marco e la compagnia e potremmo andare insieme a prendere una pizza o provare la nuova discoteca.

You   . . . . *[OK, but I'd rather go for the pizza. Could you wait until I change?]*

Amico   Certo, guarda, ti aspetto al bar qui sotto e se dovesse telefonare Luisa, le diresti che non sai dove sono?

You   . . . . *[So I'll have to lie for you? Let's hope she doesn't phone . . .]*

Amico   Sei proprio gentile; per ricambiare vuoi che ti ordini qualcosa al bar?

You   . . . . *[Yes, please. Could you get me a glass of beer?]*

Amico   Come no? Ma mi raccomando cerca di sbrigarti, se no non facciamo in tempo a vedere gli altri.

You   . . . . *[Five minutes at the most, unless Luisa phones, of course . . .]*

Lettura 2

Il miracolo economico

This passage on the consequences of Italy's economic miracle of the 60's is adapted from a magazine article:

Se si volesse fissare una data per quello che è stato definito il 'miracolo economico' in Italia bisognerebbe scegliere il 1960. Fu quello infatti l'anno pieno: aumento del reddito nazionale, visibile diffusione del benessere nel ceto medio, ingresso nelle famiglie dell'elettrodomestico (televisori, aspirapolvere, frigoriferi, lavastoviglie, lavatrici), massima espansione dell' automobile. E soprattutto, assieme a questi fenomeni di consumo di massa, c'era stato anche un accrescere degli investimenti produttivi e la pratica scomparsa della disoccupazione. Non era mai accaduto in Italia che l'esercito di riserva, l'esercito dei disoccupati, fosse assorbito nel ciclo produttivo.

In quel periodo il nostro paese entrò stabilmente a far parte del gruppo degli 'industrializzati', perdendo i suoi tradizionali connotati prevalentemente contadini. Di qui ci sono stati altri effetti col laterali ma della massima importanza: un rapido incremento della popolazione urbana, specie nei grandi centri industriali, un aumento del tempo libero e con l'aumento del tempo libero e della prosperità più gente che va al cinema, a teatro e spende soldi nel campo ricreativo.

Questo era un grande periodo di ottimismo e di rinascita, cominciato nel triangolo industriale di Milano-Torino-Genova ma che poi si era esteso lungo l'autostrada fino a Venezia, Bologna e Ravenna. Negli anni settanta ci fu una lunga serie di crisi e questo tessuto industriale, sembrava che stesse per lacerarsi, ma fortunatamente la cosiddetta economia del 'sommerso' aiutò enormemente a superare la crisi.

New words:

reddito	income
benessere	standard of living
ingresso	entrance, appearance
pratica	virtual
stabilmente	permanently
connotati ... contadini	rural base/ connotations
lacerarsi	to tear/come apart

Notes on Lettura 2

1 **ceto medio**: middle classes
Rather formal Italian; in everyday Italian **borghesia**.

2 **elettrodomestico**: household appliances
This generic word for all electrodomestic appliances is also
commonly used when speaking.

3 **scomparsa della disoccupazione**: disappearance of
unemployment
Many Italian novels, films, political and cultural debates are
still based on this so-called 'economic miracle' in the North,
mainly sustained by poorly-housed and poorly-paid
immigrants from the South.

4 **incremento della popolazione urbana**: increase in the urban
population
Turin, for example, increased to almost twice its population
in the 60's.

5 **campo ricreativo**: field of entertainment

6 **economia del sommerso**: hidden economy

Esercizio 47

*Read these statements on 'Il miracolo' economico and say whether
they are true or false:*

	vero	falso
1 L'Italia entrò nel gruppo dei Paesi industrializzati negli anni '60.	☐	☐
2 Con l'aumento del tempo libero gli italiani spendono più soldi per divertirsi.	☐	☐
3 La peggior crisi economica fu negli anni '60.	☐	☐
4 La disoccupazione in Italia non è mai scomparsa.	☐	☐
5 L'aumento della popolazione nelle città è stata una diretta consequenza del miracolo economico.	☐	☐

Esercizio 48

Answer these questions, as in the example, using the subjunctive and the conditional:

Parti domani? Non vai alla Scala?
Partirei domani se non andassi alla Scala.

1 Prenoti tu i posti? Il teatro non è troppo lontano?
2 Vai in platea? Non costa troppo?
3 Prendi un aperitivo? Non hai fretta?
4 Vuoi venire con noi? Non devi lavorare sabato?
5 Leggi quel romanzo di Buzzati? Non lo trovi difficile?

Conversazione 2

Il cinema – Il doppiaggio

Il set di 'Amarcord' di Fellini

This conversation is adapted from an interview conducted by Carla, a journalist, interviewing an Italian actor (Gianni Amati), who dubs the voices of famous American and English actors:

Carla	Il doppiaggio quando è cominciato in Italia?
Gianni	Si può dire che sia cominciato col neorealismo, con De Sica e Rossellini e poi anche Fellini.
Carla	Ma questi erano registi italiani che usavano attori italiani . . .
Gianni	In realtà usavano attori presi dalla strada, e spesso non usavano neppure la sceneggiatura, facevano recitare agli improvvisati interpreti filastrocche, numeri, qualsisasi cosa che gli facesse muovere le labbra.
Carla	Ma come facevano a eliminare rumori, e soprattutto a sincronizzare il suono con l'azione?
Gianni	Questo lo facevano in sala doppiaggio, dove registravano anche il dialogo, usando attori professionisti.
Carla	Ma adesso che i registi italiani usano attori professionisti per i loro film non è più necessario doppiarli?
Gianni	In alcuni casi lo fanno ancora, ma io adesso doppio soprattutto attori stranieri.
Carla	C'è chi sostiene che sarebbe meglio se gli spettatori vedessero il film nell'edizione originale . . .
Gianni	Se il doppiaggio è fatto bene, permette allo spettatore di apprezzare di più non solo le immagini ma anche il dialogo del film.
Carla	Purché la traduzione sia fatta bene.
Gianni	Certo, ma adesso in Italia siamo diventati i più famosi doppiatori del mondo. E se paragonasse certi film con didascalie con la nostra versione doppiata, realistica e fedele all'originale, sono sicuro che sarebbe d'accordo con me.
Carla	Effettivamente ho visto alla Società per cui lei lavora che fate un ottimo tirocinio.
Gianni	Si, impariamo a immedesimarci nel personaggio, a ricreare con la voce le emozioni e a ripetere ogni battuta del dialogo fino a che non ci sia una perfetta sincronizzazione tra le labbra dell'attore o attrice sullo schermo e chi li doppia. Tutto questo richiede ore e ore di lavoro, al buio, davanti a un leggio nella sala di registrazione.

90

New words:

doppiaggio	dubbing	**didascalie**	subtitles
doppiare	to dub	**immedesimarci**	get into character
registi	film directors	**personaggio**	character
sceneggiatura	script	**schermo**	screen
filastrocche	nursery rhymes	**leggio**	lectern
registravano	taped	**sala di registrazione**	recording studio
paragonasse	compared		

Notes on Conversazione 2

1 **neorealismo**: the post-war period in Italian film-making, when directors like Rossellini and De Sica made films about everyday life, often with non-professional actors.

2 **professionista**: professional (adjective and noun)
Examples: **Mario è un vero professionista.**
Mario è un cantante professionista.

3 **se è fatto bene ... permette** (present indicative)
se paragonasse ... sarebbe d'accordo (subjunctive and conditional)
Note the different use of **se**. In the first sentence Gianni states what he considers a fact. In the second he suggests that Carla should compare dubbed to non-dubbed films and then she would, in his opinion, agree.

4 **labbra**: lips, *(f.plural)* – **labbro**: lip *(m.sing.)*
Note the irregular plural and the change of gender. This applies to most parts of the body. See also grammar in *Italian in Three Months*, Section 50.

5 **chi**: those who
See Lesson 2 on the use of **chi**.

Esercizio 49

Read or listen carefully to Conversazione 2, then answer these questions:

1 In Italia ai tempi di Rossellini, De Sica e Fellini, il doppiaggio si usava solo per i film stranieri? Perché?
2 Qual era il periodo del neo-realismo nel cinema italiano?
3 A sentir Gianni, è meglio doppiare un film o mettere le didascalie?
4 Che cosa imparano i doppiatori durante il loro tirocinio?

Esercizio 50

Complete these sentences using the correct form of the imperfect subjunctive:

1 Se ... (potere) scegliere io il protagonista sceglierei Gassman.
2 Se le attrici italiane ... (essere) tutte brave come Anna Magnani non ci sarebbe bisogno di doppiarle.
3 Io preferirei che questi film giapponesi ... (avere) le didascalie.
4 Siamo andati a vedere diversi film italiani benché i film americani ... (dominare) lo schermo.
5 Non sapevo che Fellini (avere) contribuito al film Roma città aperta.
6 Le comparse [film extras] pensavano che il regista le ... (volere) in abiti moderni.
7 Da giovani andavamo a teatro malgrado i biglietti ci ... (costare) così cari.
8 Quella commedia di Dario Fò ha avuto un successo enorme malgrado i critici la ... (criticare) molto.
9 Dicono che la Callas non ... (concedere) mai il bis.
10 Era una buona idea che al festival di Venezia si ... (fare) vedere tutti i film di Fellini.

Esercizio 51

Read carefully the advertisement below, taken from the newspaper l'Unità, then answer the questions about the actor Alberto Sordi, whose picture figures in it:

92

l'Unità

SABATOSABATO
24 GIUGNO
LA VENTUNESIMA
VIDEOCASSETTA
Con l'Unità a sole 6000 lire

Alberto Sordi compie 75 anni.
Quasi 60 di carriera.Per
festeggiare uno dei più grandi
attori che l'Italia abbia mai avuto
l'Unità propone la più esilarante
delle sue 187 interpretazioni sul
grande schermo,quella dell'
americano Moriconi Nando.
Un autentico pezzo di bravura di
Sordi che fece di 'Un americano a
Roma', girato da Steno nel 1954,
un film-culto da non perdere.

Sabato 24 giugno
Un Americano a Roma di Steno.

1 Quanti anni ha Alberto Sordi?
2 Che cosa offre l'Unità?
3 Quanto costa?
4 In che anno è stato girato 'Un Americano a Roma'?
5 Quanti film ha interpretato Sordi finora?

Il teatro

De Chirico: Il Poeta e la Musa

Un'intervista con Vittorio Gassman

From 'Dietro le Quinte', an article by Licio Giordano ('Epoca', 16 July 1995), in which Vittorio Gassman, now 72, and still one of Italy's most popular actors, talks about his previous successes and failures, as well as some new projects:

L'attore è a Cortina per registrare venti puntate sulla **Divina Commedia** che verranno trasmesse a partire da settembre su Raiuno ... Poi proporrà **Cammin leggendo,** dieci puntate di mezz'ora registrate a Roma, Firenze, Torino, Napoli, Venezia, Le Langhe, Milano. E non è finita, Gassman sta per dare alle stampe per Longanesi **Lettere d'amore sulla bellezza,** un carteggio tra lui e lo scrittore Giorgio Soavi in cui con toni leggeri si argomenta sull'arte. E ancora dichiara la propria disponibilità a condurre un talk show in TV.[. . .]

Gassman	Analizzandomi, in fondo mi son convinto di non essere nato per fare l'attore, il mio ingresso nel mondo del teatro non è stato naturale, <u>tanto è vero che</u> è stata mia madre a volerlo. <u>Qualità</u> per recitare ne avevo ma, a differenza di quanto si crede, io sono in realtà un introverso, un <u>vigliaccone</u> timido, una fragile <u>mammoletta</u>. Il contrario di ciò che si richiede a un attore teatrale, una professione che non mi appartiene del tutto.
L.G.	Basta col teatro?
Gassman	Al momento escludo l'ipotesi di riprendere a girare l'Italia in tournée. <u>Dopo averlo fatto</u> per 50 anni non ne ho più voglia. Mi piacerebbe invece recitare in un film, sono quattro anni che non <u>annuso</u> l'aria di un set.
L.G.	<u>Rimpianti</u>?
Gassman	Nel privato nessuno: sono felice così ... Nel lavoro, forse l'unico rimpianto è quello di non aver ancora interpretato un Re Lear.
L.G.	Cosa <u>non rifarebbe</u>?
Gassman	Nella vita ho avuto la fortuna di aver anche diversi <u>insuccessi</u>. In teatro non tanti ... Al cinema invece ho interpretato circa 130 film di cui una settantina almeno da buttar via. Ma anche in questo caso mi reputo fortunato. Non fare errori è un brutto segno. Vuol dire che uno si accontenta di cose tranquille, va sul sicuro e, non accettando le <u>sfide</u>, non matura.

New words:

puntate	instalments
proporrà	he will present
dare alle stampe	to publish
carteggio	correspondence
annuso	I sniff
rimpianti	regrets
non rifarebbe	you would not repeat
insuccessi	flops
sfide	challenges

Notes on Conversazione 3

1 **sta per**: he is on the point of . . .
stare per + infinitive translates the English *to be on the point of*, in all the tenses.

2 **tanto è vero che**: and in fact

3 **qualità**: qualities
All words ending with an accent remain unaltered in the plural.

4 **vigliaccone . . . mammoletta**: big coward, shrinking violet
The two suffixes (see also Grammatica in Lesson 3) are used by Gassman to emphasize his ironical/self-mocking remark.

5 **Dopo averlo fatto**: after doing
Note that in Italian *after* followed by a verb is always translated by **dopo** + <u>past</u> infinitive (see also Grammatica in Lesson 7).

Esercizio 52

Read and listen carefully to Conversazione 3 – the interview with Vittorio Gassman – then answer these questions:

1 Cosa fa Gassman a Cortina?
2 Gassman si considera nato per la carriera di attore? Perché?
3 Perché non vorrebbe più andare in tournée?
4 Ha rimpianti per quanto riguarda il lavoro?
5 Gassman pensa che non fare errori sia un buon segno?

Lettura 3 - La lettura

Gli italiani e la lettura

This passage has been adapted from an article published by 'La Repubblica' in March 1991. It compares the readership of newspapers, books and magazines in Italy, France and Spain.

È uscita recentemente un'indagine su quello che si legge in Italia rispetto alla Francia e alla Spagna. È interessante notare che in tutti e tre i paesi dal 90% al 97% delle famiglie hanno la televisione. È altrettanto importante notare che il numero di persone che leggono più libri e più riviste specializzate si trova nel ceto medio tra chi ha una laurea, mentre tra chi ha solo un diploma della scuola d'obbligo la percentuale è solo del 29%.

Poco più della metà degli italiani legge abitualmente un quotidiano; particolarmente umiliante il paragone con la Spagna dove la quota è invece del 64%. Scarsa consolazione offre il marginale aumento dei lettori dei periodici e delle riviste specializzate.

	Italia %	Francia %	Spagna %
Giornali quotidiani	56	41	63
Due o più quotidiani	13	8	14
Rivista settimanale	45	39	31
Due o più riviste settimanali	25	22	11
Riviste specializzate	27	27	13
Giornali/riviste stranieri	4	6	3
Romanzi e poesie	42	65	35
Saggistica	25	18	14
Fumetti	25	44	18
Libri gialli	19	45	16

New words:

indagine	survey	**quotidiano**	daily
rispetto a	compared to	**saggistica**	non-fiction
ceto medio	middle class	**periodici**	magazines

Esercizio 53

After reading Lettura 3 answer these questions based on the statistics printed with the article:

1 Chi legge più quotidiani?
2 Chi legge più romanzi e poesie?
3 Chi legge più riviste?
4 Chi legge meno quotidiani di tutti?
5 Leggono più fumetti in Francia o in Italia?

E adesso fate voi un po' di ricerca:

6 Che tipo di pubblicazioni sono: Topolino, Panorama, l'Unità e Il Corriere della Sera?

Esercizio senza chiave ...

Try to find your own answers to these questions, but don't forget to use the conditional. Perhaps you could try them out on an Italian speaker?

Che cosa farebbe se ...

1 Se Le regalassero 20 milioni?
2 Se mancasse l'elettricità per 24 ore?
3 Se Le proponessero una parte in un film?
4 Se fosse primo ministro?

98

Esercizio 54

*You want to change your lifestyle, or at least would like to if only ...
Inject a note of wishful thinking into these sentences by changing the
verbs into the subjunctive and conditional, as in the example:*

Se piove mi bagno. **Se piovesse mi bagnerei.**

1 Se non devo uscire, posso finire quel romanzo di Umberto Eco.
2 Se non sto in casa, non guardo la televisione.
3 Se leggo più giornali, sono più al corrente di quel che succede.
4 Se la nostra famiglia ha il videoregistratore, i bambini vanno a
   letto troppo tardi.
5 Se la commedia non è troppo lunga, ci porto anche i miei figli.

Esercizio 55

*Join these sentences using the conjunction given, and remember to put
the verb in the correct tense of the subjunctive, as in the example:*

*I film di Sergio Leone erano girati in Italia/... erano ambientati in
America.* **sebbene**
**I film di Sergio Leone erano girati in Italia sebbene fossero
ambientati in America.**

1 Non posso andare in quel locale/ ... tu ci vieni con me. **a meno
   che ... non**
2 La Callas recitava e cantava senza occhiali/ ... era molto miope.
   benché
3 I critici hanno molto criticato la nuova Tosca/ ... cantava
   Pavarotti. **malgrado**
4 I ragazzi vanno al liceo musicale a 13 anni/ ... superano l'esame
   d'ammissione. **purché**
5 Verdi divenne il simbolo del Risorgimento/ ... le autorità
   avevano spesso messo al bando le sue opere. **nonostante**

Lesson 5 - Lezione quinta
La salute e il benessere

In this lesson you will learn to talk about health and well-being in both formal and informal settings and you will learn how to:

- *express comfort/discomfort*
- *describe symptoms and diseases*
- *complain about pain and discomfort*

The grammar will include:

- *use of direct, indirect and disjunctive object pronouns*
- *uses of **fare** and **farsi** + infinitive*
- *use of reflexive form of Italian verbs*
- *verbs followed by double pronouns*

Conversazione 1

Salute – Ricordati la medicina!

*This conversation is taken from **Una volta que era tutta campagna**, written in 1994. The author, Fabio Fazio, born in 1964, also writes for newspapers, magazines and television. The book is a collection of*

conversations between strangers on an Italian train. Each conversation is like a 'waterfall of clichès, observed with wicked candour'. Health, as you can see here, is (everywhere?) one of the favourite topics of conversation in Italy. The language used reflects perfectly the way people talk today.
The speakers are Antonio, his wife (Moglie) and another woman (Vedova).

Moglie	Ricordati la medicina, Antonio.
Antonio	Che ore sono?
Moglie	È l'ora.
Antonio	Queste medicine! Non si finisce mai! E ce le fanno pure pagare care!
Vedova	Con tutto quello che abbiamo dato allo Stato, lo Stato non ci dà niente.
Antonio	Dopo una vita di lavoro!
Moglie	Vergogna!
Vedova	Mio cognato, non so come ha fatto, non ha mai lavorato eppure prende la pensione!
Antonio	Beato lui!
Moglie	Hai preso le pastiglie?
Antonio	Sì.
Vedova	Che problemi ha?
Antonio	Circolazione . . . Niente di grave.
Vedova	Sì, ma si faccia vedere: non bisogna mai sottovalutare anche i sintomi più insignificanti!
Moglie	Ha ragione signora. Glielo dica lei che quando parlo io fa finta di non sentire. Mio marito crede ancora di essere un ragazzino.
Vedova	Non abbiamo più vent'anni.
Moglie	Vent'anni si fanno una volta sola. [...]
Antonio	Io sono sano come una pesce. Ho solo qualche disturbo di circolazione.
Vedova	Può essere una spia.
Moglie	Un campanello d'allarme.
Vedova	La circolazione è importante: è il sangue, è tutto.
Moglie	Si trascura.
Vedova	Non si trascuri! Fa almeno un po' di sport?
Moglie	Non fa niente; è sempre stato pigro.
Antonio	Vado a cercare l'acqua per la pillola.
Moglie	Facciamo tutti una vita sedentaria.
Vedova	Troppo.
Antonio	Siamo tutti grassi.
Vedova	Gli americani sono addirittura obesi. [...]
Moglie	Basta vedere nei film tutte le porcherie che mangiano.
Vedova	Con la salute non si scherza.
Moglie	La vita è una sola!
Vedova	Una e basta: se lo ricordi!

New words:

vergogna	shame!	**sano**	healthy
pastiglie	pills	**sano come un pesce**	as fit as a fiddle
fa finta	pretends	**disturbi**	*(med)*. complaints

Notes on Conversazione 1

1 ricordati, se lo ricordi!: remember!
Note the position of the object pronouns: after the imperative in the familiar form, but before the imperative in the formal form (more on this in Grammatica in this lesson).

2 ce le fanno pure pagare: they even make us pay for them
See more on **fare** + infinitive in Grammatica in this lesson.

3 Beato lui!: Lucky for him!
Note the use of the disjunctive pronoun after the adjective:
Beata te! Lucky for you.
Fortunati loro! Lucky for them.

4 Niente di grave: nothing serious
Niente, like **molto, poco, qualcosa** takes **di** when followed by an adjective.

5 porcherie: rubbish
porcheria means literally *dirt* or *filth*, and is used figuratively to describe anything that is disliked and, colloquially, a *dirty trick*.

Esercizio 56

After reading and listening a few times to Conversazione 1, answer these questions using object pronouns whenever possible:

1 Fanno pagar poco le medicine ad Antonio?
2 Chi dice di aver preso le pastiglie?
3 Che disturbi ha Antonio?
4 Perché cerca l'acqua Antonio?
5 La moglie dove ha visto gli americani mangiare porcherie?
6 Chi dice ad Antonio che la vita è una sola?
7 Tra tutti i luoghi comuni di questa conversazione quale vi sembra il più ridicolo?

Grammatica

1 Use of object pronouns

In Italian personal object pronouns are more frequently used than in English. In fact, it is polite to use the equivalent of *him/her*, etc., even when in English you would not. If you want to revise all direct, indirect and double pronouns see also *Italian in Three Months*, Sections 33 and 43.

Below is a table of direct (*me, you*, etc.), indirect (*to me, to you*, etc.), disjunctive (after a preposition: *with them, for her*, etc.) and double pronouns (*it/them to me, it/them to you*, etc.)

subject	direct	indirect	disjunctive	double
io	**mi** *me*	**mi** *to me*	**me**	**me lo, me la, li, le, ne**
tu	**ti** *you*	**ti** *to you*	**te**	**te lo, te la, li, le, ne**
lui	**lo** *him/it*	**gli** *to him*	**lui**	**glielo, gliela,**
lei	**la** *her/it*	**le** *to her*	**lei**	**glieli, gliele, gliene**
noi	**ci** *us/there*	**ci** *to us*	**noi**	**ce lo, la, li, le, ne**
voi	**vi** *you*	**vi** *to you*	**voi**	**ve lo, la, li, le, ne**
loro	**li, le** *them*	**gli/loro** *to them*	**loro**	**glielo ...**

Indirect and direct object pronouns differ only in the third person singular and plural forms.

When there are two pronouns together (again, a common occurrence in Italian) the indirect pronoun is always first and the direct one follows. For example:

*He/She sees **her*** (direct)	**la vede**
*She writes **to her*** (indirect)	**le scrive**
*He lives **with her*** (disjunctive)	**vive con lei**
*She writes **it to her*** (double)	**gliela scrive**
*He sends **them to us***	**ce le manda** (le lettere)

- There are some verbs which take an indirect object in Italian but not in English. The most common of these verbs are:

bastare	to suffice/to last	**piacere**	to like
chiedere	to ask	**rispondere**	to answer
dire	to tell/say	**somigliare**	to resemble

dispiacere	to be sorry	**telefonare**	to phone
far male	to hurt/to be bad for	**volere bene**	to love

Examples:

Le voglio bene.	I love her.
Gli fa male il piede	His foot hurts him.
Che cosa le hanno detto?	What did they tell you/her?
li telefono /telefono loro	I am phoning them.

Esercizio 57

Answer the questions by filling the gaps with the direct, indirect or disjunctive form of the pronouns instead of the words given in bold:

1 Mario vuol bene **a Maria?**	Sì, . . . vuol molto bene.
2 Vieni con **tua madre?**	Sì, vengo con . . .
3 Telefoni **ai tuoi genitori?**	Sì, . . . telefono tutti i giorni.
4 Prendi tu **la macchina?**	Sì, . . . prendo io.
5 Resti **in casa?**	Sì, . . . resto

Esercizio 58

Answer these questions using the correct form of the object pronouns instead of the words given in bold, as in the example:

Porti tu **la ricetta?**	Sì, **la** porto.
Porti la ricetta **a Carla?**	Sì, **le** porto la ricetta.
Porti **la ricetta a Carla?**	Sì, **gliela** porto.

1 Apri **la porta?**	Sì, . . .
2 Apri la porta **ai miei amici?**	
3 Apri **la porta ai miei amici?**	
4 Ordini tu **le medicine?**	
5 Ordini le medicine **per noi?**	
6 Ordini **le medicine per noi?**	
7 Dici **la verità?**	
8 Dici la verità **all'infermiera?**	
9 Dici **la verità all'infermiera?**	

Lettura 1

Sentimenti e sensazioni
Il cuore che trema

This passage is taken from **Mani vote** *by Saverio Strati (1960) and
describes the feelings of the 14-year-old narrator for Margherita, a
young country girl:*

Ogni volta che la vedevo il cuore mi tremava. Veniva spesso in
campagna, al tempo delle olive. Ero felice di lavorare accanto a lei
che sempre aveva una parola da dirmi, un discorso da farmi. Ma
suo fratello era geloso di me e un giorno vedendoci discorrere
insieme molto amichevolmente e senza alcuna malizia, trovò il
modo di mandarmi via dalla sua roba.

"Non voglio vagabondi tra i piedi" mi gridò " Vattene, vattene a
casa tua!" Margherita impallidì: ed io mi presi la giacca senza
farmelo ripetere e me ne andai, col cuore gonfio. Avevo già i miei
quattordici anni e il cuore e la testa mi erano già abbastanza caldi.
A Margherita spesso ripetevo delle poesie, che sapevo a memoria, e
lei mi guardava con ammirazione, con gli occhi pieni di gioia. Un
giorno mi disse che ero tanto buono e intelligente e mi fissò negli
occhi; la vidi cambiare colore e mi sentii salire il sangue alla faccia,
il cuore prese a balzarmi nel petto, come un agnellino, ed eravamo
soli, io e Margherita.

New words:

discorrere	to chat
tra i piedi	in the way/underfoot
senza malizia	innocently
col cuore gonfio	with a heavy heart

Notes on Lettura 1

1 **Il cuore mi tremava**: *(lit.)* my heart trembled
Mi fissò negli occhi: she gazed into my eyes
Note how a reflexive verb is used to translate an English
possessive adjective (more on the use of reflexive verbs in
Grammatica in this lesson).

2 **da dirmi, da farmi, vedendoci, vattene**
● note the use of object pronouns after infinitive, gerund and
imperative. (See Grammatica in this lesson.)
● **da** + infinitive
This construction of **da** before an infinitive is quite common
after **avere**, but also after other verbs:
Mi offriva da mangiare. She offered me something to eat.
Mi porti (qualcosa) da bere. Bring me something to drink.

3 **roba**: property
Roba is often used to describe possessions, 'things' in general:
Quanta roba! What a lot of stuff/things, etc.
Quel negozio vende della bella roba. That shop sells a lot of
good stuff.

4 **senza farmelo ripetere**: without getting him to repeat it
for me
For the use of **fare** followed by and infinitive see Grammatica
in this lesson.

5 **i miei 14 anni**: I was in my fourteenth year
The possessive (**miei**) is used to emphasize the protagonist's
'considerable' age. This occurs often in spoken Italian:
Avrà già i suoi sessant'anni! She must be (at least) 60!

Grammatica

2 Position of object pronouns

● **Object pronouns are normally put before** the verb
Ce le fanno pagare. They make us pay for them.
Non le ho scritto. I did not write to her.

- But with infinitive, gerund, participle, imperative [**tu**, **noi** and **voi** forms only], the object pronouns go **after** the verb, as you see in these examples:

Vado a trovarla in ospedale.	I'm going to see her in hospital.
Mandateglielo subito!	Send it to them straightaway!
Imparo la canzone cantandola.	I learn the song by singing it.
Diglielo!	Tell him so! (*fam.*)

Remember that with the formal form (singular or plural) of the imperative, the object pronouns go before the verb which is in fact a present subjunctive.

Glielo dica!	Tell him so! (*formal*)
Mi facciano un favore!	Do me a favour! (*formal*)

- With modal verbs **volere**, **potere**, **dovere** followed by an infinitive, the object pronouns can either go before the modal verbs or at the end of the infinitive:

Voglio vederlo.	or **Lo voglio vedere.**
Non ci sono potuto andare.	or **Non sono potuto andarci.**

Esercizio 59

Complete the following sentences which summarize Lettura 1, using the correct form of the object pronouns:

Il protagonista racconta che il cuore ... tremava ogni volta che vedeva Margherita e ... piaceva molto lavorare accanto a ... perché Margherita aveva sempre una parola da dir ... e un discorso da far ... , ma suo fratello era geloso di ... Un giorno, vedendo ... discorrere insieme, ... aveva gridato di andar ... Allora lui aveva preso la giacca e ... ... era andato senza far ripetere. Aveva 14 anni e il cuore e la testa ... erano abbastanza caldi. Quando lui ... ripeteva le poesie, Margherita ... guardava con ammirazione, ... aveva anche detto che era tanto buono e intelligente e poi ... aveva fissato negli occhi e lui ... aveva vista cambiar colore e il cuore ... era balzato nel petto.

Esercizio 60

Change these sentences by using object pronouns instead of the words in bold. Remember to put the pronouns in the correct position, before or after the verb:

1 Dobbiamo lasciare **le ricette al farmacista**.
2 Preferisco non vedere **il dottore** oggi.
3 Abbiamo solo due **pastiglie**.
4 Ha detto **la verità a voi**?
5 Volete mandare **i soldi alla Mutua**?
6 Non disturbare **quei malati**!
7 Capisco bene **l'italiano** e parlo **l'italiano** abbastanza bene.
8 Spedite **il conto alla mia compagnia d'assicurazione**!
9 Potresti portare **mia madre** in macchina?
10 Telefonate subito **al dottore**!

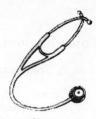

Grammatica

3 Object pronouns with compound tenses

When there is a direct object pronoun before a verb in a
compound tense with **avere**, then the past participle must agree
in gender and number with the direct object pronoun:

Le ho viste.	I have seen them. (**le ragazze**)
Gliel'avevo mandata.	I'd sent it (**la lettera**) to her.
Me ne hanno <u>dati</u> * tre.	They have given me three (of them – **di cioccolatini**).

*NB the past participle agrees with **ne** in gender and number.

Esercizio 61

Answer these questions using object pronouns as in the example:

L'infermiera *le* ha fatto *un'iniezione*? **Sì, me l'ha fatta.**

1 Allora hai confermato *la data a Maria*?
2 Hai mandato *il risultato al tuo medico*?
3 Hai chiesto *la diagnosi al chirurgo*?
4 Hai restituito *il giornale alla signora*?
5 Avete fissato *un appuntamento per mio figlio*?
6 Il dottore *ti* ha *fatto la visita*?
7 Il medico *vi* ha dato *il certificato*?
8 Hai dato *la lettera ai signori*?
9 Avete comprato *i cerotti per lui*?
10 Non *ti* sei accorto *di aver la febbre*?

Conversazione 2

Pronto Soccorso – Una bella notizia al Pronto Soccorso!

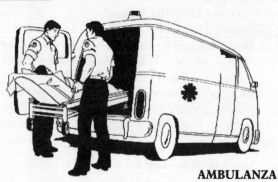

AMBULANZA

Lisa fainted while shopping at the supermarket and has been taken to Accident and Emergency at the local hospital, where a doctor takes her medical history:

Medico   Mi dica che cosa le è successo.

Lisa   Mah, ero al supermercato e all'improvviso non so se fosse il caldo o che, mi sono sentita mancare . . .

Medico   Non si ricorda nient'altro? Aveva mangiato niente stamattina? Aveva dolori al ventre?

Lisa   No, ma a dir la verità, avevo un po' di nausea al mattino e non ho fatto colazione. Mi girava la testa, ma non ci ho fatto caso. L'unica cosa che mi ricordo è che qualcuno mi aveva fatta sedere e mi hanno detto cha avevano chiamato l'ambulanza.

Medico   La signorina del supermercato ha detto ai barellieri che lo svenimento è durato solo pochi minuti, ma siccome lei era da sola hanno lo stesso chiamato l'ambulanza. Comunque è meglio che la visiti, ma non si preoccupi, il polso e la pressione sono normali e non ha la febbre. Ha avuto altri disturbi ultimamente?

Lisa   No, non proprio veri disturbi, ma è da qualche settimana che mi pare di stancarmi più facilmente e ho avuto qualche giramento di testa, come le dicevo.

Medico   Ha le mestruazioni regolari? Quando ha avuto l'ultima mestruazione?

Lisa   Sei settimane fa, ma non mi vengono regolarmente ogni quattro settimane.

[*Il medico completa la visita*]

Medico   Mi dica, signora, è possibile che sia <u>incinta</u>?

Lisa   Incinta? davvero? Beh, sì, speravamo proprio di avere un
         bambino, ma non pensavo che arrivasse così presto . . .
         Ma che bella notizia! È sicuro?

Medico   Io direi di sì, ma naturalmente dobbiamo fare <u>il esame di
         gravidanza</u>. Vada con <u>l'infermiera</u> che le spiegherà cosa
         deve fare adesso e poi le daremo subito il risultato.

[*dieci minuti più tardi*]

Medico   Adesso che sa la bella notizia, vuole che telefoniamo a
         qualcuno che venga qui a prenderla?

Lisa   Grazie, se permette vorrei telefonare a mio marito.

New words:

Pronto Soccorso	Casualty, A & E	**svenimento**	faint
sentita mancare	felt faint	**visiti**	I examine
dolore al ventre	abdominal pain	**giramento di testa**	dizzy spell
mi girava la testa	I felt dizzy	**esame**	test
non ci ho fatto caso	I took no notice	**incinta**	pregnant
barellieri	ambulance men	**infermiera**	nurse

Notes on Conversazione 2

1 **mi sono sentita mancare, mi girava la testa**: I felt faint,
  dizzy
  Expressions a patient would use. A medical description would
  be: **capogiro**, *dizziness* and **svenire**, *fainting*.

2 **visitare** and **fare una visita**: to examine, to conduct a
  (medical) examination

3 **vari esami**: several tests
  Esame or **analisi** are used for medical tests:
  esame/analisi del sangue, dell'urina: blood/urine test
  il test/esame di gravidanza pregnancy test

Esercizio 62

Read or listen a few times to Conversazione 2, check notes and new words, then answer these questions:

1 Perché Lisa è stata portata al Pronto Soccorso?
2 Che disturbi aveva già da qualche settimana?
3 Il medico le ha controllato la pressione e la febbre?
4 Perché Lisa deve farsi fare un esame?
5 Qual è la bella notizia per Lisa e per suo marito?

Grammatica

Uses of reflexive verbs

If you want to revise the conjugation of reflexive verbs see *Italian in Three Months*, Section 46.

● Generally a reflexive verb in English is also reflexive in Italian:
divertirsi   to enjoy oneself   **farsi male**   to hurt oneself

● The reflexive form in Italian is used more than in English and it expresses an action which reverts to the subject, even when the equivalent verb is not reflexive in English:
accorgersi to notice **pentirsi** to repent

fermarsi	to stop	**ricordarsi**	to remember
innamorarsi	to fall in love	**sentirsi**	to feel
lamentarsi	to complain	**svegliarsi**	to wake up

many reflexive verbs translate English expressions with *to get*:

arrabbiarsi	to get angry	**fidanzarsi**	to get engaged
annoiarsi	to get bored	**sposarsi**	to get married

● Remember that in Italian a reflexive verb retains its reflexive form when it is followed by a direct object, while in English the reflexive form is often expressed by a possessive adjective:
Mi sono fatto male al braccio.   I hurt my arm.
Mi ero messo/a la giacca.   I put my jacket on.

● The reflexive form, however, has other meanings too:
many verbs can become reflexive in order to emphasize the speaker's involvement in the action:
Ci siamo comprati la macchina. We bought ourselves a car.
Mi sono preparata la cena.   I prepared dinner
                                               (for myself).

- Other non-reflexive verbs can become reflexive to express reciprocal action: *(to) each other, (to) one another*:
  Si sono visti al caffè.   They saw each other at the café.
  Ci parliamo in italiano.   We speak Italian to one another.

Esercizio 63

Translate these sentences using Italian reflexive verbs:

1 I hurt my leg.
2 He put his shoes on.
3 We met (each other) at university.
4 Mary is feeling unwell.
5 Didn't she get annoyed with him?
6 Did you remember to take the medicine?
7 I felt dizzy and sat down.
8 Mary complained that she had stomachache. [mal di pancia]
9 When did they get engaged?
10 They got married and bought themselves a house in the country.

Grammatica

Fare + infinitive
In Italian the verb **fare** has many different meanings and uses (see also *Italian in Three Months*, Section 60).

1 Fare + infinitive translates several English verbs used for 'getting things done' such as: *to get, let, make, have*, etc. The precise meaning, from *asking* to *commanding*, is often given by the context or by the tone of voice:

Mi faccia vedere!   Let me see/allow me to see/show me!
L'ho fatto fare su misura.   I had it made to measure.
Li ho fatti aspettare.   I made them wait/I kept them waiting.
Gli fa fare i raggi.   He's sending him for an X-ray.

2 The reflexive form **farsi** is used when the action described reverts to the subject:

Mi faccio fare un vestito.   I have a suit made.
Non si sono fatti vedere?   Didn't they show up?

Note that when something is being *done* for you by somebody else, in Italian you need to use the verb **fare** while its equivalent in English is often omitted:

Vi sieti fatti fare la ricetta?	Did you get the prescription?
Si fa dare il conto.	She is getting the bill.

Verbs followed by double pronouns

In spoken Italian certain verbs (such as **andare, avere, dare, fare, prendere,** etc.), when used with double pronouns, change their original meaning. Here is a list of the most commonly used ones:

andarsene (*refl.*)	to go away
avercela	to be angry with
cavarsela (*refl.*)	to get out of a difficulty
darsele (*refl.*)	to come to blows
darsela a gambe (*refl.*)	to run away
dirsene di tutti i colori	to call each other names
farcela	to manage
fregarsene (*refl. vulg.*)	not to care
godersela (*refl.*)	to have a good time
guardarsene (*refl.*)	to beware, to avoid
infischiarsene (*refl., coll.*)	not to care
intendersene (*refl.*)	to be an expert
intendersela (*refl.*)	to have an affair
mettercela tutta	to do one's best
prendersela (*refl.*)	to take offence
vedersela brutta (*refl.*)	to fear the worst

Examples:

Antonio ce l'ha con te.	Antonio is annoyed with you.
Me ne infischio/ frego.	I couldn't care less.
Se ne intende poco d'arte.	He knows little about art.
Me ne guardo bene!	I avoid it/keep well clear of it.

Esercizio 64

*Complete these sentences using the verbs given in brackets. Put the verbs into the **passato prossimo** and make sure that the ending of the past participle agrees with the direct pronoun used, as in the example:*
Hanno litigato e . . . [darsele] di santa ragione.
Hanno litigato e **se le sono date di santa ragione.**

1 È proprio una brutta malattia ma lui . . . [**cavarsela**].
2 Non capisco perché tu . . . [**prendersela**].
3 Gli studenti . . . [**mettercela**] tutta.
4 Quando ho visto il risultato dell'analisi . . . [**vedersela**] brutta.
5 Quando è arrivata la polizia i ladri . . . [**darsela a gambe**].

Elisir depurativo Ambrosiano

New words:

benessere	well-being
in forma	into shape
mal di schiena	backache
gottosi	due to gout
piaghe	sores
ustioni	burns
ferite	wounds

Dolori articolari? Gambe gonfie? Cattiva circolazione? Digestione difficile?
Un bicchierino dopo i pasti ẁ una sana abitudine.
Ritrovare il benessere perduto è davvero importante per vivere bene, pensava Padre Ranieri, attivissimo sacerdote della Diocesi di Milano afflitto da disurbi di ordine fiscio. Dopo attente ricerche, scoprì particolari erbe curative che trasformò in un elisir che lo rimise in forma in breve tempo. **Genziana, ippocastano, Arnica, Amelide, Iperico! Queste le erbe curative che da sempre fanno bene alla salute.**
Ma quali sono queste Erbe dalle straordinarie proprietà?

La GENZIANA che favorisce l'appetito migliorando la digestione.
L'IPPOCASTANO che contribuisce a eliminare il gonfiore delle gambe regolarizzando la circolazione.
L'ARNICA che tonifica la pelle.
L'AMAMELIDE che aiuta ad alleviare mal di schiena, dolori muscolari e gottosi.
L'IPERICO che da sempre si rivela utile in caso di reumatismi, piaghe, ustioni, ferite.

114

Esercizio 65

After reading carefully the advertisement for the 'Elisir Depurativo Ambrosiano', can you answer the following questions?

1 Chi aveva scoperto l'*elisir*?
2 Che disturbi allevia l'Amamelide?
3 Quale erba serve a curare il gonfiore alle gambe?
4 A che cosa è utile l'arnica?
5 Quando si consiglia di bere l'*elisir*?

Conversazione 3

Aveva un brutto male?

More health matters with Fabio Fazio. On the train from Rome two women (Signora 1 and Signora 2) and the husband of Signora 1 discuss life, death, illness ... Their language is everyday language, with the usual commonplace expressions we all use, although perhaps not always with such profusion and hilarious results:

Signora 1	Lei ha qualcuno a Roma?
Signora 2	No, sono andata al Ministero per la pensione di mio marito.
Marito	Io esco: vado in corridoio.
Signora 2	Signora pensi che io un anno fa <u>ho perso</u> il papà, uno zio e una sorella. E la suocera.
Marito	Forse vado al <u>vagone ristoro</u>: volete qualcosa?
Signora 1	Le <u>disgrazie</u> non vengono mai sole.
Signora 2	Quando si inizia non si finisce più.
Signora 1	Ma il marito è diverso.
Signora 2	Lo immagino.
Signora 1	Non si può immaginare.
Signora 2	È tanto che è <u>mancato</u>?
Signora 1	No, undici anni.
Signora 2	Un <u>brutto male</u>?
Signora 1	No.
Signora 2	Infarto?
Signora 1	No
Signora 2	Embolia?
Signora 1	No
Signora 2	Leucemia?
Signora 1	No

Signora 2	Era giovane?
Signora 1	Cinquantadue.
Signora 2	Incidente?
Signora 1	No! Non si è mai capito. Si è ricoverato per dei disturbi e ci è rimasto.
Signora 2	Destino.
Signora 1	Destino: due mesi in ospedale.
Signora 2	Ha sofferto?
Signora 1	Tanto!
Signora 2	Aveva capito?
Signora 1	Tutto.
Signora 2	Si lamentava?
Signora 1	Mai.
Signora 2	Era lucido?
Signora 1	Lucidissimo!
Signora 2	La morte più brutta.
Signora 1	Quando era ormai agli ultimi giorni, ricordo ancora le parole che mi ha detto.
Signora 2	Cosa le ha detto?
Signora 1	"Sono i miei ultimi giorni."
Signora 2	Vedi, aveva proprio capito.
Signora 1	Tutto!
Signora 2	Non ci rendiamo conto di quanto siamo fortunati a star bene!
Signora 1	Accanto al letto di mio marito c'era un uomo di 42 anni.
Signora 2	Quarantadue?!?
Signora 1	Da compiere.
Signora 2	Cosa aveva?
Signora 1	Fegato.
Signora 2	Quando è il fegato non c'è più niente da fare.
Signora 1	È morto?
Signora 2	Morto.
Signora 1	Era sposato?
Signora 2	Sì.
Signora 1	Aveva figli?
Signora 2	No.
Marito	Eccomi: non ho trovato il bar.
Signora 2	In ospedale se ne vedono di tutti i colori.
Signora 1	Si entra sani, si esce malati.
Signora 2	Quando si esce!
Marito	Ines, vado alla toilette.

New words:

disgrazie	misfortunes
vagone ristoro	dining car
è ricoverato	was admitted

Notes on Conversazione 3

1 **disgrazie**: misfortunes
Disgrazie describes a serious or even tragic piece of bad luck.
'**Che disgrazia!**'is considered a suitably sympathetic reply to
to somebody else's tale of woe.

2 **ho perso, mi è mancata**: I lost (she died)
In Italian, as in English, some people prefer to use
euphemisms rather than words like **morte, morire**.

3 **brutto male**: serious illness
another commonly-used euphemism, usually instead of
tumore or **cancro**.

4 **compiere/compire**: (*lit.*) to complete
Compiere gli anni: to be . . . years old
Suo cognato compie 42 anni. Her brother-in-law is 42.

5 **se ne vedono di tutti i colori**: one sees all sorts of things
di tutti i colori is used after **dire, fare, sentire**, etc.
Ne ha fatte di tutti i colori. She was up to all sorts of
mischief.

6 **si entra sani, si esce malati**: one goes in healthy and comes
out ill
Note that when used after the impersonal form **si**, all
adjectives must be in the plural:
Si diventa ricchi. You get rich.

Esercizio 66

Translate these sentences using expressions from Conversazione 3:

1 He drives so fast; sooner or later he'll have a serious accident.
2 I'll be 30 next Tuesday.
3 I lost a sister and a brother-in-law last June.
4 I heard all sorts of things about (**su**) your new boss.
5 He died of a heart attack.
6 We don't realize how lucky we are to be so healthy.

Esercizio 67

Read the description of Fiuggi in the advert on page 118 and then decide whether the statements below are true or false:

	Vero	Falso
1 L'acqua minerale di Fiuggi è famosa da un secolo.	☐	☐
2 A Fiuggi si può giocare a golf e andare a cavallo.	☐	☐
3 Fiuggi è nell'Italia meridionale.	☐	☐
4 Il centro storico di Fiuggi ha più di mille anni.	☐	☐
5 A Fiuggi si fanno sport da gennaio a dicembre.	☐	☐

118

E pensare che qualcuno viene a Fiuggi solo per l'acqua

Che peccato. Non tanto godersi l'acqua di Fiuggi, da cui per secoli hanno attinto salute papi e artisti come Michelangelo e Trilussa; quanto perdersi l'arte, la natura incontaminata, gli sport da praticare tutto l'anno. Perdetevi nei vicoli silenziosi di un centro storico millenario. Percorrete a piedi o a cavallo i sentieri che si addentrano nei boschi verdissimi.
Calpestate il *green* di un camp da golf dove, per non alterare la purezza delle sorgenti d'acqua, l'erba ignora i prodotti chimici.
Apprezzare la sua grande tradizione in cucina. E alla sera, a teatro, godetevi il concero di una grande violinista. Fiuggi è tutto questo: il posto ideale per un week-end romantico o per una vacanza in famiglia. A meno di un'ora da Roma, a pochi minuti da altri centri ricchi d'arte e di storia, come Anagni e Alatri.
Quando vi chiederanno perché andate a Figuggi, non saprete da dove incominciare.

Per saperne di più, telefonate al numero 0775 50 93 20

Lesson 6 – Lezione sesta
L'ambiente

In this lesson you will learn about environmental issues, from
flooding to dealing with mosquitoes without using insecticides. You
will also read about urban development and some of the changes it
has brought to modern Italy. You will learn how to:
- discuss issues
- describe places and past events
- offer and seek opinion

The grammar will include:
- regular and irregular forms of the **passato remoto**
- use of past tenses: **passato prossimo**, **passato remoto** and
  imperfetto
- use of si **impersonale** and si **passivante**

Lettura 1

L'inondazione di Firenze

Il crocefisso del Cimabue prima dell'inondazione del 1966

119

New words:

si abbatté	fell	**sudicio**	filthy
raggiunsero	reached	**gorgo**	whirlpool
giunse	arrived	**defluire**	flowing down
colse	took	**melma**	mud
dilaganti	overflowing	**nafta**	oil
risaliva	dated back	**superficie dipinta**	painted surface
allucinanti	bewildering	**insostituibili**	unique
spallette	banks	**non pochi**	quite a few

Una grande calamità si abbatté il 4 novembre 1966 su Firenze con
la disastrosa inondazione da parte delle acque dell'Arno. Era la
sessantesima inondazione dalla prima ricordata storicamente nel
1177 e la maggiore che la città abbia sofferto nel corso dei secoli.
L'altezza massima che le acque raggiunsero nel novembre 1996 si
ebbe in via dei Conciatori nel quartiere di Santa Croce, nella parte
più bassa della città, con un'altezza di 5,20 metri. Ma nel Museo
dell'Opera di Santa Croce – dove si conservava il crocefisso di
Cimabue insieme con tante altre opere d'arte – l'acqua raggiunse
l'altezza di m. 5,85.

L'inondazione giunse assolutamente imprevista e colse,
improvvisa, una città che a tutto avrebbe potuto pensare fuorché al
pericolo di acque dilaganti, di cui il ricordo più recente risaliva a
ben centoventidue anni prima. Si credeva che simili catastrofi
appartenessero esclusivamente ai tempi passati, che facessero parte
di ricordi storici da leggersi nelle allucinanti cronache del tempo.
L'acqua cominciò a superare in alcuni punti le spallette dei
lungarni alle 5,30 della mattina, mentre gli abitanti erano ancora
immersi nel sonno; ma il grande straripamento avvenne due ore
dopo. E per nove ore fu un continuo aumentare del livello delle
acque, un sempre maggior estendersi della zona allagata, uno
scomparire, in un sudicio vorticoso gorgo, di tutto ciò che vi era
nelle strade. Dalle 2,30 alle 3 pomeridiane non vi fu più aumento
delle acque; poi, dopo una mezz'ora in cui si ebbe una minima
diminuzione, il defluire fu rapidissimo. Alle sette non restava per le
strade che melma, nafta e rovine di ogni genere. Immensi furono i
danni alle opere d'arte. La vittima più illustre della tragedia fu la
perdita della maggior parte della superficie dipinta del Crocefisso di
Cimabue, ma altri dipinti dovranno pur sempre mostrare lacune
gravissime e venne distrutto completamente una gran numero di

opere d'arte minore e molti insostituibili documenti della cultura.
A tale rovina non si è potuto rimediare che in parte, non pochi
decenni ci vorranno prima che si possano restaurare, nei limiti del
possibile, tutte le tavole, le tele, le opere d'arte in genere, il
materiale bibliografico, le carte di archivio.

Notes on Lettura 1

1 Note how the **passato remoto - abbattè, raggiunsero**, etc. is
used throughout to describe something that happened in the
past and is now definitely over. In the last paragraph, however,
(**non si è potuto rimediare**) the reference is to a problem
which still exists, hence the use of the **passato prossimo**.

2 **inondazione, alluvione, allagamento, straripamento** and
dilagare, straripare, allagare: flood
Straripare refers specifically to a river breaking its banks,
while the others are more general terms.

3 **si ebbe, si credeva, si è potuto, si potevano**, etc.:
si here replaces a passive form (see more on **si passivante** in
Grammatica in this lesson).

4 **a ben centoventidue anni**: as many as 122 years
Bene is used for emphasis.

5 **lungarni**: the Arno embankments
Other examples of this construction: **lungotevere** (Tiber
embankment), **lungadige** (Adige embankment), etc.

6 **immersi nel sonno**: still fast asleep

7 **E per nove ore ...**
The subjects of this sentence are all infinitives (used with an
article): **un ... aumentare, un ... estendersi, uno
scomparire**. The use of an abstract noun or an infinitive
where in English you would find a concrete noun followed by
a finite verb, is very common both in spoken and written
Italian. Other examples:
Notai un gran correre di bambini e adulti.
I noticed that many adults and children were running.
C'era uno spostarsi continuo da un lato all'altro.
People went on moving from one side to the other.

8 **dipinti, tavole, tele**: painting, more specifically:
dipinto, quadro: *painting*- **tavola**: *tablet, panel* - **tela**: canvas.

122

Esercizio 68
Read and listen carefully to Lettura 1, then answer these questions:

1 In che anno ci fu l'inondazione a Firenze?
2 C'erano già state altre alluvioni come questa?
3 Dov'era il Crocefisso del Cimabue?
4 Che cosa facevano molti fiorentini quando l'Arno straripò?
5 È stato possibile restaurare tutto ciò che era stato rovinato?

Grammatica

Passato remoto – Simple past
Regular passato remoto

parlare	vendere	dormire
parlai	vendetti/vendei	dormii
parlasti	vendesti	dormisti
parlò	vendette/vendé	dormì
parlammo	vendemmo	dormimmo
parlaste	vendeste	dormiste
parlarono	vendettero/**venderono**	dormirono

Irregular passato remoto

These are the **passato remoto** forms of some irregular verbs:

fare	prendere	venire
feci	**presi**	**venni**
facesti	prendesti	venisti
fece	**prese**	**venne**
facemmo	prendemmo	venimmo
faceste	prendeste	veniste
fecero	**presero**	**vennero**

Note that both stems and endings are irregular in the 1st person singular, 3rd person singular and plural. The other three persons follow the regular **passato remoto** forms.

Esercizio 69

*Write down all the forms of the **passato remoto** which you have found
in Lettura 1 and indicate whether they are regular or irregular:*

Esercizio 70

Transform these sentences by changing the subject of the regular
passato remoto:

1 Il fiume straripò. (i fiumi)
2 Gli uomini tagliarono gli alberi. (io)
3 Costruimmo una piccola capanna di paglia. (lui)
4 Tutti gli animali abbandonarono la foresta. (la tigre)
5 L'orso sparì da alcune parti dell' Italia. (i lupi)
6 Passai l'estate in campeggio. (I Bianchi)
7 Cesare conquistò la Gallia. (I romani)
8 I vegetariani mangiarono solo il contorno? (tu)
9 Non credemmo a quello che diceva. (loro)
10 Si stabilì a Roma. (noi)

Esercizio 71

Transform these sentences by changing the subject of the irregular
passato remoto:

1 Piovene nacque a Vicenza. (io)
2 Gli abitanti vissero due giorni senza luce e gas. (La sua
  famiglia)
3 Molte opere d'arte vennero perse nell'inondazione. (Il
  crocefisso)
4 Tenne una conferenza sull'ecologia. (tu)
5 Non vidi mai la fine del film. (loro)
6 Decisero di chiudere l'autostrada. (La polizia)
7 Trascorsi tutta la vita in campagna. (I miei genitori)
8 Misero le scarpe da montagna. (noi)
9 Non vollero partecipare alla riunione. (voi)
10 La città fu costruita nel '500. (Il Duomo)

124

Grammatica

Uses of passato remoto, passato prossimo and imperfetto

- The simple past (**passato remoto**) is used when referring to something which happened in the past, is considered completely over and has no explicit link with the present:
Dante morì in esilio.   Dante died in exile.

- The **passato remoto** is not used much in spoken or written Italian (specially in the North), except in formal writing, but you will find it in literary texts and it is therefore important for you to recognize it in both its regular and irregular forms. In conversation you should use the **passato prossimo** (perfect tense) (see Grammatica in Lesson 1).
Guido Piovene (whose description of Vicenza we saw in Lesson 1) also writes this about his native city:
'Vicenza non fu sede di Principati e Signorie, passò da un dominio all'altro, poi si accomodò con Venezia.'
But in conversation or less formal writing this would become:
Vicenza non è stata sede di Principati e Signorie, è passata da un dominio all'altro e poi si è accomodata con Venezia.

- The **imperfetto** (imperfect tense), as we saw in Lesson 1, is used for description and habitual or continuous actions in the past or to describe something which happened in the past for an unspecified period of time:
Dante era fiorentino. Dante was from Florence.
Mangiavo quando lui è entrato/entrò. I was eating when he came in.
Non avevano soldi, così ho pagato/pagai io. They had no money, so I paid.

Esercizio 72

Put this passage, adapted from Umberto Eco's 'Il nome della rosa', [Secondo giorno – TERZA] into the past tense, by changing the verbs underlined into **imperfetto** *or* **passato remoto:**

"Prima di salire allo scriptorium passiamo in cucina a rifocillarci, perché non abbiamo preso nulla da quando ci siamo alzati. Mi rinfranco subito prendendo una scodella di latte caldo. Il gran camino meridionale già brucia come una fucina, mentre nel forno si prepara il pane del giorno. Vedo, tra i cucinieri, Salvatore, che mi sorride con la sua bocca di lupo. E vedo che prende da un tavolo un avanzo del pollo della sera prima e lo passa di nascosto ai pastori che lo nascondono nelle loro giubbe di pelle. Ma il capo cuciniere se ne accorge e rimprovera Salvatore. "Cellario, cellario" dice "non dissipare i beni dell'abbazia!"

Salvatore si oscura in viso e si volta adiratissimo, poi fa uscire in fretta i pastori e ci guarda con preoccupazione. "Maiale" gli grida il cuciniere. Salvatore mi sussurra nell'orecchio "È un bugiardo, poi sputa per terra. Il cuciniere viene a spingerlo fuori in malo modo e gli rinchiude la porta alle spalle."

Lettura 2

Ecologia – Zanzare: evitarle secondo natura

In this article published in the magazine 'Marie Claire', Nicoletta Tiliacos explains how to fight mosquitoes without using harmful insecticides. It is written in more informal language than Lettura 1 (only one passato remoto!) and it contains practical suggestions, many of which are probably familiar to you already, but the expressions used can be useful, since mosquitoes, insects in general and what to do about them, are a never-ending source of conversation in the hot Italian summers.

'Gli agrumi hanno un profumo sgradito alle zanzare'

126

New words:

zanzare	mosquitoes	strofinare	to rub
fastidi	discomforts	bacche di ginepro	juniper berries
zanzariere	mosquito nets	conficcare	to stick
tratti	distances	chiodi di garofano	cloves
focolaio	centre of infection	apparecchi	machines
a caccia di	hunting for	fallimento	failure
lievito di birra	yeast	banda di ricezione	frequency band

Liquidi, pastiglie, zampironi: lo scorso anno gli italiani investirono quasi ottanta miliardi in questo vero arsenale chimico fatto di insetticidi e repellenti per difendersi dalle zanzare. E di recente è arrivata una nuova specie dall'Oriente, chiamata 'zanzara tigre' e la sua puntura provoca grandi fastidi e consistenti reazioni allergiche. Eppure per difendersi non è sempre necessario ricorrere alla chimica: esistono infatti molti sistemi alternativi agli insetticidi tradizionali. E, come sempre, la prima cura è la prevenzione.

Cioè, prima di tutto è utile usare zanzariere soprattutto per i bambini che, fino all'età di tre anni, infatti non dovrebbero dormire in locali dove si usano insetticidi. È poi importante anche ridurre le fonti di sviluppo delle zanzare. In casa perciò non bisogna lasciare in terrazza o in cortile recipienti pieni d'acqua dove le zanzare depositano le uova. La zanzara è pigra e vola solo per brevi tratti quindi è probabile che il suo focolaio sia vicino alla nostra camera da letto. Si possono inoltre usare i colori chiari che attirano, meno di quelli scuri, le zanzare gravide e appena accoppiate che sono proprio quelle a caccia di sangue. Meglio non abusare deodoranti e profumi che piacciono alle zanzare almeno quanto a noi e si può sfruttare l'azione delle vitamine B (soprattutto la B1 e B6 che si trovano nel lievito di birra e nel riso integrale) e la C (in dose giornaliera di 500 milligrammi) che modificano la composizione del sudore rendendolo meno 'appetitoso'. Ci sono anche molti oli essenziali di geranio odoroso, citronella, garofano, verbena e melissa da strofinare sulle parti scoperte del corpo, però mai puri, ma diluiti in alcol o olio o pronti in stick o crema.
È incerto invece l'uso delle foglie di basilico, prezzemolo, lauro e geranio strofinate sul corpo o messe nella camera. Mentre le bacche di ginepro e l'incenso bruciati, come il legno di tuja usato in Messico, hanno un effetto repellente.

Negli ambienti chiusi è utile l'idea di conficcare numerosi chiodi di garofano in un'arancia o in un limone e di piazzare una o due di queste 'mine' odorose in ogni stanza.

Infine gli apparecchi ad ultrasuoni: si sono rivelati un fallimento poichè le zanzare non sono tutte uguali, ogni specie ha una sua banda di ricezione ed è impossibile quindi che lo stesso ultrasuono risulti efficace sempre.

Notes on Lettura 2

> 1 **zampironi:** this was the name of the first commercially available mosquito repellent in the shape of a coil and still widely-used.
> 2 **ottanta miliardi:** eighty thousand million lire
> 1 miliardo = 1000 million.
> 3 **efficace:** effective
> **Un rimedio efficace:** an effective remedy

Esercizio 73

Read or listen carefully to Lettura 2, then answer these questions:

1 Che cos'è la 'zanzara tigre'?
2 Perché le zanzariere sono particolarmente utili per i bambini?
3 Quali precauzioni si possono prendere contro le zanzare?
4 Che oli si possono strofinare sul corpo?
5 Gli apparecchi a ultrasuoni servono a qualcosa?

Lettura 3

Animalisti

This light-hearted article on the animal liberation movement comes from 'I come italiani' Una guida pratica per capire gli italiani written by a well-known journalist, Enzo Biagi (born in 1920) and published by Rizzoli in 1995.

Non porto pellicce, ma mangio carne e pesce in quantità moderata, con verdure varie per contorno. Mi fanno pena i vitelli ingabbiati e sottoposti agli estrogeni, i maiali <u>ammucchiati</u> nei camion ... Mi fanno però ridere quei camion confortevoli che <u>si incontrano</u> lungo le autostrade con la scritta che ammonisce "Attenzione: <u>cavalli da corsa.</u>" <u>Guai a</u> "<u>bocciare</u>". E se fossero <u>da tiro?</u>

Bisogna evitar di far soffrire buoi, capre, montoni e capisco Marguerite Yourcenar che era diventata vegetariana " per non digerire l'agonia": anche se nessuno ci ha assicurato che il radicchio <u>strappato</u> non soffre. Si può essere contrari alla caccia, ma – <u>per coerenza</u> – bisogna anche battersi contro <u>la pesca</u>: perché il <u>merluzzo impigliato</u> nella rete o la trota con un <u>amo</u> in bocca non sono più allegri del <u>coniglio</u> che aspetta la <u>botta sul collo</u>. E l'<u>aragosta</u> bollita viva è ragionevolmente felice? Brigitte Bardot si batte in Francia e incita la gente perché boicotti la bistecca di <u>equino</u>, e per il <u>pollastro</u> <u>tirato su</u> industrialmente neppure un <u>sospiro</u>? E il fegato d'oca, e il porcellino, squisita specialità sarda, arrostito alla brace, e le <u>coscette delle rane</u>?

Non c'è in questa campagna, mossa da sentimenti rispettabili, qualcosa di eccessivo e anche un po' di protesta senza rischi che <u>va</u> tanto <u>di moda</u>? Si avverte, o no, un po' di fame nel mondo?

New words:

pellicce	fur coats
ingabbiati	in cages/caged
ammucchiati	piled up
bocciare	to bump
strappato	pulled up
per coerenza	to be consistent
la pesca	fishing
merluzzo	cod
impigliato	caught
amo	fish-hook
coniglio	rabbit
aragosta	lobster
equino	horse
pollastro	chicken
tirato su	reared
sospiro	sigh
va di moda	is fashionable

Notes on Lettura 3

1 **mi fanno pena**: I feel sorry for them
A common expression to indicate sympathy and understanding.

2 **si incontrano, si può, battersi, si avverte,**
Note the use of **si impersonale** (see Grammatica in this lesson).

3 **cavalli da corsa, da tiro**: racing horses, draught horses
Note the use of **da** to indicate use or purpose.

4 **guai a**: mind!
This is a warning against something: **guai a te!** don't you dare!

5 **botta sul collo**: *(lit.)* blow on the neck

6 **porcellino, squisita specialità sarda, ... coscette di rana**
The suckling pig on the spit is a Sardinian delicacy.
The diminutives **porcellino, coscette** (frog's legs) emphasize the emotional appeal.

Esercizio 74

After reading and listening carefully to Lettura 4 and learing about the use of si in the Grammatica, answer these questions:

1 Enzo Biagi è vegetariano?
2 Che animali gli fanno pena?
3 Che cosa trova molto buffo?
4 Secondo Biagi perché non si fa neanche un sospiro per il pollastro, il porcellino o le coscette di rana?
5 Come tradurreste **si avverte** alla fine della Lettura 4?

Grammatica

Uses of si

First a recap on the use of **si** as an impersonal form (meaning *one, you, we, people*), which we have seen already in the previous lessons:

1 Si impersonale

• **si** is used with the verb in the 3rd person singular if followed

by an infinitive or on its own, but in the 3rd person plural if
followed by a plural:
Si vede bene. You can see well.
Si vedono molte zanzare. You can see many mosquitoes.
- in compound tenses, the auxiliary verb of transitive verbs
changes from **avere** to **essere** before **si**:
Si è mangiato bene. One/we ate well.
- in compound tenses, the past participle of intransitive verbs
has a plural ending:
Si è rimasti male. We were disappointed.
- with a reflexive verbs the impersonal form **si** followed by
the reflexive pronoun **si** becomes **ci si**:
Ci si diverte qui. One has a good time here.
- any adjectives, past participles or other words following the
impersonal form must be plural:
Si è sempre soddisfatti. You feel satisfied.

2 Si passivante
- **si** is also used to replace the passive form when the agent is
not expressed:
Si usarono insetticidi. Insecticides were used.
Si affitta (or in an ad: **affittasi**) **appartamento ammobiliato.**
Furnished flat to let.

Esercizio 75

Change the verbs using the impersonal form si instead of noi:

1 Vediamo molti bei fiori.
2 Bevevamo solo vino italiano.
3 Se non ci divertiamo, andiamo in un altro posto.
4 Non sappiamo cosa dire.
5 Potremmo rinunciare ai dolci?

Esercizio 76
Frasi fatte:

*Read carefully these popular sayings – with si – then find their
English equivalent:*

1 Non si sa mai!	6 Non ci si può lamentare!
2 Come si fa?	7 Rosso di sera bel tempo si spera.
3 Si vedrà!	8 A caval donato non si guarda in bocca.
4 Si fa tardi.	9 Si fa quel che si può.
5 Si vive!	10 Guarda chi si vede!

Conversazione 1

Il sole fa bene?

In this interview a journalist from the magazine 'Marie Claire' (MC) asks a well-known dermatologist from Milan (Luca) about the dangers and also the benefits of sunbathing. The language is fairly formal and there are several medical terms: as you will see, many of these are very similar in English.
Read the interview carefully and check that you have got the gist, then check the new words given above and try out Esercizio 77:

MC   Oggi il sole può essere davvero <u>nocivo</u>?

Luca   Certamente le radiazioni ultraviolette possono creare danni di vario tipo: un precoce <u>invecchiamento</u> della pelle o una transitoria depressione del sistema immunologico, il che nei soggetti predisposti può aumentare problemi come verruche e Herpes.

MC   E c'è relazione tra l'esposizione al sole e i tumori della pelle?

Luca   Sul melanoma ci sono due teorie diverse: alcuni sostengono di sì altri di no. Ma ci sono tumori benigni, il <u>basalioma</u> per esempio, che sono affetti da prolungata esposizione al sole.

MC   In Australia e negli Stati Uniti ci sono vere e proprie campagne terroristiche, da parte degli esperti, contro il sole.

Luca   In Australia vive una popolazione anglosassone, di pelle <u>chiara</u>, <u>munita</u> di scarse difese. <u>Lo stesso vale</u> per gli Stati Uniti. Ci sono più pelli chiare e <u>sensibili</u>, il rischio sole deve essere <u>rapportato</u> infatti sia alla durata dell'esposizione sia al fototipo. Ma noi razza mediterranea siamo molto favoriti.

MC   Quanti sono i fototipi?

Luca   Sono sei. Il primo e il secondo sono molto sensibili alla luce. A questi gruppi appartengono i tipi dalla <u>carnagione</u> chiarissima, che di solito si accompagna ai capelli biondi: i nordici e gli anglosassoni per intenderci. Il primo tipo non si abbronza mai e non deve esporsi al sole. Il secondo si abbronza poco e si scotta spesso. Il terzo si abbronza e qualche volta si ustiona. Il quarto non si scotta mai. Il quinto appartiene a chi ha la pelle olivastra. Il sesto a chi ha una marcata pigmentazione cutanea. In Italia vi è predominanza dei fototipi tre e quattro anche se non mancano gli altri.

MC   E quali sarebbero le ore migliori per esporsi al sole?
Luca   Prima delle undici e dopo le sedici.
MC   E per concludere Lei cosa pensa del sole?
Luca   Il sole fa bene. Aiuta la crescita nei bambini e previene l'oste oporosi negli adulti. È sufficiente non esagerare nelle esposizioni, evitare le ore centrali del giorno e usare un buon prodotto protettivo.

New words:

nocivo	harmful
invecchiamento	ageing
basalioma	rodent ulcer/basal cell carcinoma
chiare	light
munita	possessing
lo stesso vale	the same applies
sensibili	sensitive
rapportato	related to
carnagione	complexion

Notes on Conversazione 1

1 **si scotta, si ustiona**: burns
   Ustionare describes a more serious burn than **scottare**.

2 **pelle olivastra**: olive skin
   The ending **-astra** here does not have a pejorative meaning.

Esercizio 77

After reading and listening carefully to Lettura 3, answer these questions:

1 Quali danni può provocare l'esposizione al sole?
2 Quanti fototipi ci sono?
3 E gli italiani a che fototipo appartengono?
4 Perché i nordici e gli anglosassoni hanno più problemi esponendosi al sole?
5 Quali sono le ore migliori per stare al sole?
6 A chi fa bene il sole e perché?
7 Infine, che consigli dà il dottore?

Esercizio 78

Answer these questions, using si:

1 Che cosa si dice in Italia, tra amici, prima di cominciare a mangiare?
2 ... E che cosa si risponde?
3 Che cosa si dice se qualcuno starnutisce?
4 Che cosa si dice quando si pesta il piede a qualcuno?
5 Che cosa si dice quando qualcuno bussa alla porta?

Lettura 4

Roma antica e Roma moderna

This passage, adapted from **Come leggere l'Italia d'oggi** *(***Zanichelli***, 1991), describes how Rome has changed since it became the capital of Italy:*

Da cento anni Roma è la capitale dello Stato italiano e nello stesso tempo la capitale religiosa del cattolicesimo. Per lunghi secoli è stata anche la capitale politica dello Stato della Chiesa. Prima ancora è stata centro di un impero immenso, esteso su tre continenti. In un tempo ancora più remoto, la capitale di uno stato di pastori, contadini e guerrieri. La fisionomia di Roma rispecchia queste complicate vicende storiche, questo intreccio di continuità e di trasformazioni.

Allorché nel 1870 diventò capitale dello Stato Italiano, Roma era già da secoli una città improduttiva, la cui principale risorsa economica erano i pellegrinaggi religiosi. Accanto alla burocrazia

134

della Chiesa cattolica si è insediata la burocrazia dello Stato italiano:
ma Roma è rimasta una città che consuma assai più di quanto non
produca. Si è calcolato che la metà circa delle famiglie romane
dipenda, in tutto o in parte, da uno stipendio di impiegato statale,
parastatale o municipale; i soli impiegati residenti a Roma sono,
contando anche i pensionati, circa 250.000. Una città d'impiegati,
dunque, in cui l'unica industria di rilievo, a parte quella
cinematografica, è l'edilizia.

Queste caratteristiche della composizione sociale della popolazione
di Roma sono rispecchiate dalla fisionomia della città. I primi
quartieri costruiti dopo l'unità d'Italia furono destinati appunto a
raccogliere i ministeri e le abitazioni degli impiegati statali. Fin
dall'inizio lo sviluppo di Roma moderna assunse una caratteristica
che non avrebbe più abbandonato; quella di uno sviluppo caotico e
tumultuoso, dettato unicamente dagli interessi della speculazione
edilizia.

Frutto inconfondibile di tale speculazione sono i quartieri periferici
sovraffollati e senza verde.

Il turista che vi abita per pochi giorni naturalmente non sa e non
vede queste cose; vede una città tra le più belle del mondo, ricca di
monumenti, di opere d'arte, di musei. Due millenni e mezzo di
storia fanno di Roma una città indimenticabile. Ma la realtà che sta
dietro a questa immagine turistica è assai più complessa.

Un caffè romano di fronte al Pantheon

New words:

esteso	covering
pastori	shepherds
vicende	events
intreccio	plot
insediata	established
di rilievo	big, important
cinematografica	film (industry)
edilizia	building (industry)
rispecchiate	reflected
speculazione	exploitation

Notes on Lettura 4:

1 **si è calcolato**: it has been calculated

This is an example of the Italian 'si passivante', translating an English passive.

2 **impiegato statale, parastatale o municipale**:
statale: civil servant; **parastatale**: working for a
state-controlled company; **municipale**: council worker.

To these could be added: **dipendente** (employee in a private
company) and **autonomo** (self-employed).

If you want to know more about these categories, read the funny,
but sharply accurate chapter: **'Statali, dipendenti, autonomi'** in
Tim Parks' book: **Italiani, Bompiani**, 1995.

Esercizio 79

After reading and listening to Lettura 4, answer these questions:

1 Roma quando divenne capitale d'Italia?
2 Quali sono le industrie importanti di Roma?
3 Si dice che Roma è una città d'impiegati: perché?
4 Quale fu la conseguenza della speculazione edilizia?
5 Che immagine si fanno di Roma i turisti?

136

Esercizio 80

*In this passage, taken from Guido Piovene's book **Viaggio in Italia** (also quoted in Lesson 1), the author describes a clever and ... 'green' way of prociding all-year round air-conditioning in Renaissance Italy. But a key word has been left out. Can you guess what it is?*

"Costozza è un piccolo paese alle falde dei monti Berici dove un gruppo di ville fu eretto dai contri Trento. Nelle rupi presso le ville si addentrano alcune ..., la mahhior parte artificiali, usate fin dai tempi preistorici per cavarne la pietra. Ne. Cinquecento esse fornirono l'aria condizionata. Condutture semisegrete, chiamate *ventidotti* nel linguaggio umanistico, partivano dalle ... e sboccavane nelle stanze, chiuse da botole dorate. Ne fluivano i venti del sottoterra, di temperatura costante, portando il caldo d'inverno e il freddo d'estate. Gli abitanti di oggi si servono ancora di queste ... I padroni di un tempo se ne servivano anche per burlarsi degli ospiti. Taluno, messo a letto senza coperte, era svegliato all'improvviso da una corrente d'aria gelida. Un abitante di Costozza vorrebbe farmi credere alla leggenda che questo scherzo abbia ammazzato Galileo Galilei, ospite di una delle ville."

Costozza ei Monti Berici visti dalle ville Trento e da Schio

Esercizio 81

RIFARLA COSTERÀ UN MILIARDO E TRECENTO MILIONI
Roma. Una panoramica su Trinità dei Monti: la scalinata, in travertino, scende sino a Piazza di Spagna. Venne costruita nel 1726 sotto il pontificato di Benedetto XIII, con i fondi messi a disposizione dal diplomatico francese Stefano Gueffier. Al suo arrivo da Venezia nel 1728, Giacomo Casanova ne rimase incantato al punto che ne trasse l'ispirazione per alcune delle sue avventure sentimentali. Ma col passare dei secoli i gradini della scalinata sono stati gravemente danneggiati. Ora il sindaco di Roma Francesco Rutelli vuole riportare Trinità dei Monti all'antico splendore, grazie a un restauro finanziato dall'Ina Assitalia. Il restauro dovrebbe essere finito entro otto mesi e la scalinata dovrebbe tornare di nuovo bellissima.

After looking at the picture and reading the description above, say whether these statements are true or false:

	Vero	Falso
1 La costruzione della scalinata di Trinità dei Monti venne finanziata dal Papa Benedetto XIII.	☐	☐
2 Il restauro costerà più di un miliardo.	☐	☐
3 La scalinata venne molto ammirata da Casanova.	☐	☐
4 I gradini sono di marmo di Carrara.	☐	☐
5 Il restauro durerà almeno un anno.	☐	☐

Lesson 7 – Lezione settima

Le telecomunicazioni e l'informatica

In this lesson you will learn more about telecommunications and information technology in Italy: telephones, fax machines, computers and internetting.
You will learn how to:
- *communicate formally and informally by 'phone*
- *interpret the language of the information superhighway*
- *request services and information for a conference*
- *accept and refuse requests*

The grammar includes:
- *use of the infinitive as a noun and after prepositions*
- *the passive voice: when and how to use it*
- *when not to use the passive voice.*

Al telefono

Conversazione 1

Una telefonata interurbana

Carlo Fausti is phoning from Turin to check with Angela Villa, who is in charge of a large Conference Centre in Taormina, that there are sufficient facilities available for his firm's annual conference:

Carlo   Pronto, parla Carlo Fausti, parlo con la signorina Villa?

Angela   Sì, buongiorno dottor Fausti. Non so come scusarmi di non averle telefonato prima, anche per ringraziarla, ma purtroppo sono stata impegnatissima.

Carlo   Si figuri, signorina, allora ha ricevuto il mio fax?

Angela   Sì, appunto, ora è solo questione di confermare con lei la data, il numero di partecipanti eccetera ...

Carlo   Dunque: saremo 50, il convegno comincia il 12 settembre e le stanze dovranno essere prenotate dall'11 al 15 del mese.

Angela Benissimo. Allora 50 camere singole, a pensione completa, e tre sale per le conferenze.

Carlo Come le avevo già <u>indicato</u>, vorremmo tre camere doppie per me e i due altri direttori. Per le sale conferenze mi può indicare che <u>attrezzature</u> ci sono?

Angela Tutte hanno aria condizionata, telefono, <u>lavagna luminosa</u>, <u>videoregistratore</u> e sono <u>insonorizzate</u>.

Carlo E <u>per quanto riguarda</u> <u>fotocopiatrice</u>, fax, <u>area di esposizione</u> per i nostri <u>depliant</u> e <u>manifesti</u> . . .

Angela C'è un'area di esposizione al pianterreno con <u>tabellone</u> per <u>esporre</u> i manifesti e <u>per mandare</u> o <u>ricevere</u> fax <u>basta rivolgersi</u> in segreteria. Poi c'è un'altra sala più piccola, al primo piano, con la fotocopiatrice e una zona bar.

Carlo E per i <u>rinfreschi</u>?

Angela Le suggerirei un rinfresco appena arrivati e un aperitivo <u>prima di mangiare</u>.

Carlo E un rinfresco a metà mattina e a metà pomeriggio, <u>per rompere</u> un po' la monotonia?

Angela Certo. E ci sono vegetariani?

Carlo Veramente non sono sicuro. <u>Grazie di avermelo ricordato</u>, le farò sapere al più presto possibile. E possiamo anche contare sul <u>servizio di segreteria</u> e di interprete?

Angela Senz'altro, ma sono a pagamento. Le manderò le tariffe per tutti e due i servizi.

Carlo Le dò anche il numero del mio cellulare, così può contattarmi anche fuori delle ore di ufficio.

New words:

interurbana	long-distance call
impegnatissima	very busy
convegno	conference
indicato	mentioned, pointed out
attrezzature	equipment, facilities
lavagna luminosa	overhead projector
videoregistratore	video cassette recorder
insonorizzate	sound-proofed
per quanto riguarda	as for
fotocopiatrice	photocopier
area di esposizione	exhibition hall
depliant	leaflet →

manifesti	posters, leaflets
tabellone	notice-board
esporre	to show
rinfreschi	refreshments
servizio di segreteria	secretarial services

Notes on Conversazione 1

1 **di non averle telefonato, di avermelo ricordato**:
Note the use of the past infinitive after **grazie di**. This is the correct way of thanking or apologizing to somebody since this is usually for something that's already happened. (See also use of the past infinitive in Grammatica in this lesson.)

2 **per ringraziarla, per esporre, per mandare e ricevere, prima di mangiare, per rompere**
All these are examples of prepositional phrases with prepositions + infinitive. (See Grammatica in this lesson)

3 **questione di confermare**:
Questione is one of the nouns requiring **di** + infinitive.

4 **basta rivolgersi**: please ask
Basta, like modal verbs and impersonal expressions (**è importante, è utile**, etc.), is followed by the infinitive without a preposition.

5 **cellulare**: cellphone; mobile phone
The mobile phone is also called **telefonino** in everyday Italian.

Esercizio 82

After reading or listening carefully to Conversazione 1, answer these questions using preposition + infinitive:

1 Di che cosa si scusa Angela?
2 Perché Carlo le ha telefonato oggi?
3 A che cosa servono i pannelli?
4 Carlo di che cosa ringrazia Angela?
5 Perché Carlo le dà il numero del suo cellulare?

Useful expressions when phoning

This is what you are likely to hear:
- **Mi spiace, ma ha sbagliato numero.**
  Sorry, you've dialled the wrong number.★
- **Forse posso esserle d'aiuto?**
  May I help you?
- **Scusi come si scrive il suo nome?**
- How do you spell your name?
  NB The reply to this is to spell your name letter by letter, (e.g. Ray = **erre, a, ipsilon**), but if it is still not clearly understood on the phone you need to give the name of a town for every letter (**R̲oma, A̲sti, Y̲alta**).
- **Attenda in linea che le passo il signor Bianchi.**
  Please wait and I'll put you through to Mr Bianchi.
- **Vuole attendere in linea o preferisce telefonare più tardi?**
  Will you hold the line please, or would you rather phone later?
- **È all'estero/occupato/impegnato. Gli dico di richiamarla.**
  He's abroad/busy. Shall I ask him to phone you back?
  Se è una richiesta urgente mi chiami al cellulare.
  If it's urgent call me on my mobile.

And this is what you may want to say:

- **Pronto, parla Paul White (si scrive doppio vu, acca, i, t, i, o).**
  Hello, Paul White speaking: spelt W H I T E.
- **Mi può passare il signor Bianchi, all'interno 34, per favore?**
  Can you put me through to Mr Bianchi extension 34, please?
- **Numero interno.**
  Extension number.
- **Mi può dare il numero interno 307?**
  Extension 307, please.
- **Scusi ho sbagliato numero.★**
  Sorry, (I dialled the) wrong number.
- **C'è un messaggio per me sulla segreteria telefonica.**
  There is a message for me on the answering machine.

★ **NB** in Italian when you get something wrong (a phone number, address, etc.) you say **ho sbagliato**, *or* **mi sono sbagliato** (I̲ made a mistake). **Il numero sbagliato** (wrong number) would imply that there is something wrong with the number, not that you dialled incorrectly.

142

Esercizio 83

*Imagine that you are trying to get in touch with a client (Signora De Marco) in Italy. Ask for her and answer the operator (**centralino**) in Italian, using the clues given in English:*

1   *You* ....

                 [Hello, can you put me through to Mrs De Marco, please?]

    Centralino   Sa qual è il suo numero interno?

2   *You* ....

                 [No, I'm afraid I don't, but I know that she works in the sales department.]

    Centralino   Il numero è occupato, vuole attendere in linea o preferisce telefonare più tardi?

3   *You* ....

                 [I'm sorry I can't. Could you ask her to phone Charles Coyne in London?]

    Centralino   Scusi come si scrive il suo nome?

4   *You* ....

                 [My surname is Coyne: C, O, Y, N, E.]

    Centralino   Grazie signor Coyne. E il suo numero a Londra?

5   *You* ....

                 [0171 436 8990. Anytime after 2 p.m.]

Che cos'è un numero verde?

*This advertisement is taken from the newspaper '**La Repubblica**'. Read it carefully and, after checking the new words and the notes, try to answer the questions in Esercizio 84.*

Che effetto fa la vostra pubblicità, con un numero verde?

Colpisce. Attira. Convince. Perché comunica innanzitutto la vostra disponibilità a comunicare. Ad informare su quello che la gente vuole realmente sapere, ed essere informati su quello che la gente vuole effettivamente dire. Chi telefona a un Numero Verde dimostra già un interesse, e passa la parola all'azienda; un'azienda che ha un Numero Verde e ne comunica inoltre adeguatamente l'esistenza, gode di un vantaggio in termini di immagine, di vendite, e di conoscenza del proprio mercato.

In effetti il Numero Verde è uno dei numeri migliori che l'economia italiana ha a disposizione.
Per ulteriori informazioni sul Servizio Numero Verde chiamate il Numero Verde 167-080080.

New words:

colpisce	it makes an impression
attira	it attracts
disponibilità	availability

Notes on Telecom Italia advertisement

> **1 a comunicare, ad informare**:
> Note the use of the infinitive after a noun.
> **essere informati**:
> this is a passive infinitive used as a subject.
>
> **2 azienda**: firm, business
> Other expressions with similar meanings are: **ditta, impresa, società, compagnia**.
>
> **3 proprio mercato**: its own market.
> **Proprio** is used because the subject **un'azienda** here means *any* firm. (See also note on Conversazione 2 in this lesson.)

Esercizio 84

Read carefully the 'Telecom Italia'; advertisement, which aims to convince businesses that they should use a 'numero verde', then answer these questions:

1 Che cos'è un **'numero verde'**?
2 Come tradurreste **'effettivamente'**?
3 Che cosa significa **'gode'** in questo caso?
4 Quali sono i vantaggi del **'numero verde'** per un'azienda?
5 Esistono i numeri verdi in Inghilterra?

Conversazione 2

I computer – Il mestiere di scrittore

This extract is taken from an interview, in the magazine 'Avvenimenti', with Andrea De Carlo, a young Italian writer who explains why he uses a computer for writing his novels.

Giornalista	Vedo che per scrivere usi il computer.
A. De Carlo	È più vicino di ogni altro mezzo al meccanismo sofisticato del pensiero umano. È in grado di soffermarsi su un particolare, di tornare indietro, di correggere.
Giornalista	Allora non usi la macchina da scrivere?
A. de Carlo	La macchina da scrivere è senz'altro più bella esteticamente, ma è un mezzo più freddo, procede in modo orizzontale. Qui dentro, stampo quello che

scrivo, pagina per pagina, poi mi soffermo sui
singoli fogli e correggo a penna. Perché la scrittura
meditata o meglio la riscrittura, è indispensabile.

[...]

Giornalista   Qual è il modo migliore per la stesura di un
romanzo?

A. De Carlo   Non c'è una regola per tutti. Ma è necessario darsi
un metodo, adattandolo al proprio modo di vivere.
È necessario: perché la creatività va indirizzata,
organizzata in una forma definita. Lo scrittore
maledetto, quello che passa notti a ubriacarsi,
vagabondare, drogarsi, eppoi sforna capolavori, è un
falso mito. Scrivere con regolarità, può essere un
modo per farti raggiungere le maggiori possibilità
individuali.

New words

meccanismo	workings
particolare	detail
scrittura	writing
meditata	thought out, worked out
indispensabile	essential
stesura	drafting
romanzo	novel
sforna	dishes out
mito	myth

Notes on Conversazione 2

1 vedo che per scrivere usi il computer:
The interviewer uses the familiar **tu** form: this could be
something of a policy decision in a radical publication, or
perhaps the interviewer is a friend/colleague of the writer.

2 in grado di soffermarsi: capable of pausing/focusing
Essere in grado di + infinitive: to be in a position to /to feel
up to/to be capable of. This expression is often used when
referring to people as well as organizations or machines:
**Siamo in grado di offrire un completo servizio di
traduzione.**

→

We are in a position to offer a full translation service.
Oggi non sono in grado di veder gente.
Today I'm not up to seeing people.

3 **al proprio modo di vivere:** one's way of life
Proprio is a possessive adjective used when the subject of the sentence is impersonal (as it is here) and with indefinite adjectives and pronouns. Other examples:
Bisogna ascoltare la propria coscienza.
One must follow one's conscience.
In casa propria si può fare ciò che si vuole.
In our own home we can do what we like.
Ognuno preparerà la propria relazione.
Everybody will prepare their own report.

4 **va indirizzata, organizzata:** must be directed, structured
The passive voice is used with the auxiliary verb **andare** (see Grammatica in this lesson).

5 **scrittore maledetto:** *(lit.)* accursed writer

6 **a ubriacarsi, vagabondare, drogarsi:** getting drunk, wandering about, taking drugs.
per farti raggiungere: to help you reach
These are all prepositional phrases with **a/per** + infinitive (see Grammatica in this lesson).

"*. . . stampo, poi mi soffermo sui singoli fogli.*"

Esercizio 85

Answer these questions after reading or listening carefully to
Conversazione 2:

1 Perché lo scrittore usa il computer?
2 Che cosa è in grado di fare con il computer?
3 Che differenza c'è, secondo lui, tra la macchina da scrivere e il
   computer?
4 Come fa le correzioni?
5 Secondo un falso mito che cosa fa lo 'scrittore maledetto'?

Grammatica

Uses of the infinitive

We have already seen many examples of verbs followed by
infinitives without prepositions or with the prepositions **a** and **di**
(see also *Italian in Three Months*, Section 56):

> **Voglio venire.**
> **Penso di venire.**
> **Comincia a piovere.**

We have also seen nouns or adjectives followed by infinitives:

> **casa da vendere**   **macchina da scrivere**
> **molto da fare**   **facile da leggere**
> **pronto a criticare**

Now we will look further at the uses of present and past infinitives
in prepositional phrases, as nouns and also after verbs of
perception.

1 Prepositions + infinitive – Prepositional phrases

- While in English the prepositions in prepositional phrases are
  usually followed by the *-ing* form, in Italian they are followed by
  an infinitive. As well as **a, di, da, in, con, su, per**, there are
  other simple or compound prepositions followed by an
  infinitive:

prima di	before
invece di	instead of
oltre a	besides
senza	without
piuttosto che/di	rather than
dopo [di]	after

Examples:

Parlano di organizzare un congresso a Londra.

They are talking of organizing a congress in London.

Chiamo sempre la segreteria telefonica prima di uscire.

I always call the answering service before going out.

Lavora a casa invece di andare in ufficio.

He works at home instead of going to the office.

Esercizio 86

Form a new sentence by replacing the phrase in bold with the preposition given + infinitive as in the example:

Lavoro, **così vivo.** (per)   **Lavoro per vivere.**

1 Viene, **ma non porta niente.** (senza)
2 Ascolta la radio, **ma non guarda la televisione.** (piuttosto di)
3 Va a letto, **così si riposa.** (per)
4 Ha mandato un fax, **poi ha telefonato.** (prima di)
5 Scrivo col pennarello, **non uso il gesso.** (invece di)

Grammatica

2 Uses of the past infinitive

- The past infinitive is used in prepositional sentences to describe something which happened in the past, as you have seen in Conversazione 1 (Note 3). These are other examples:

  Riportai il libro in biblioteca senza averlo letto.

  I returned the book to the library without reading it.

  Avevo deciso prima ancora di avergli chiesto consiglio.

  I had decided even before asking for his advice.

  Si scusarono di non essere venuti prima.

  They apologized for not coming sooner.

  La ringrazio di aver risposto con sollecitudine alla mia lettera.

  Thank you for replying so promptly to my letter.

- **Dopo [di]**, as we saw in Lesson 4, is always followed by the past infinitive:

  Dopo aver accettato l'offerta, scrisse la lettera di conferma.

  After accepting the offer he wrote a confirmation letter.

  Mi ha telefonato dopo aver ricevuto il fax.

  He phoned after receiving my fax.

Esercizio 87

Complete these sentences using the past infinitive of the verbs given in English:

1 Mi sono interessata di informatica [after reading] il libro di Dale Spender.
2 Vi ringrazio molto [of accepting] la mia offerta.
3 Questa tastiera è pronta [to be connected] al monitor.
4 Preferisce scrivere a mano [after trying] the computer.
5 Si è scusata [for arriving] tardi.

Grammatica

3 Infinitives used as nouns:

- In Italian you can use an infinitive instead of a noun as subject or object of a sentence.
  Bere fa male alla salute.
  Drinking is bad for your health.
  Non mi piace usare il computer.
  I don't like using the computer.
  Essere criticati è sempre difficile.
  It's always difficult to be criticized.

- The infinitive used as a noun can take an article when it is used on its own and also after the prepositions **a, da, in, con, su, tra**:

Il defluire fu rapidissimo.	The outflow was very fast.
Si fece un gran correre.	We did a lot of running.
Al tramontar del sole.	At sunset.
Col trascorrere delle ore.	As the hours go by.

Esercizio 88

There are many Italian sayings which contain infinitives, used alone or after prepositions. See if you can find the English equivalent of these:

1 Per comparire bisogna soffrire.
2 Tra il dire e il fare c'è di mezzo il mare.
3 Un buon tacer non fu mai scritto.
4 Amarsi ma non imbrogliarsi.
5 Partire è un po' morire.

Esercizio 89

Rewrite these sentences using an infinitive instead of the noun in bold:

La lettura fa male agli occhi. **Leggere fa male agli occhi.**

1 Non mi interessa **il nuoto**.
2 Mi sveglio sempre al **suono** della sveglia.
3 **Il ballo** la rende allegra.
4 **Il fumo** provoca molti disturbi.
5 **Il riposo** fa bene a tutti.

Grammatica

4 Use of the infinitive instead of the imperative

For public notices, directions, recipes, etc. the infinitive often
replaces the imperative.

Rallentare.	Slow down.
Mettere un pizzico di sale.	Add a pinch of salt.
Tenere al fresco.	Keep in a cool place.

5 Infinitive after verbs of perception

- **Vedere, guardare, notare, osservare, sentire, ascoltare** are
  followed directly by an infinitive without a preposition:
    Ho visto gli impiegati uscire.
    I saw the employees leave (leaving).
    Li ho visti uscire.
    I saw them leave (leaving).
  When the object is a noun it comes after the verb of perception
  (first sentence) but when it is a pronoun (second sentence) it
  comes before the verb of perception.

- verbs of perception can also be followed by **che** or **mentre**
  instead of the infinitive:

  Ho visto gli impiegati { **uscire**
  { **che/mentre uscivano.**
  I saw the employees come out.

  L'osserviamo { **scrivere sulla lavagna luminosa.**
  { **che/mentre scrive sulla lavagna luminosa.**
  We watch him write on the overhead projector.

Esercizio 90

Translate these sentences into Italian using the present or past infinitive:

1 They thanked me for sending the estimate.
2 I saw the text disappear from the screen.
3 Writing is much easier with the computer.
4 I was tired after walking to the station.
5 In an Italian bar you pay before ordering coffee.

Lettura 3

Internet – Le autostrade elettroniche

This passage, adapted from an article in the newspaper 'Il Gazzettino', describes Smau '95, the 1995 Information Technology Fair in Milan. In it you will find many of the new words that IT has introduced into the Italian language, some as literal translations of American terms.

La dittatura di Windows '95 nel secondo anno dell'Era Internet.

Internet, anno secondo. Questo, in pratica, lo slogan del salone, Smau '95, terza fiera mondiale dell'informatica e delle telecomunicazioni che si è aperta ieri alla Fiera di Milano.

Subissati dall'incombente, fragorosa e ingombrante presenza di Windows '95, i visitatori possono cogliere, fino a lunedì, dopo anni di crisi, una quasi euforia, nonostante le fosche nubi di Ivrea. Forse però per la prima volta l'Italia della gente scopre quest'anno la cosiddetta 'civiltà delle reti', che non vuole affatto dire solo Internet. Si tratta in particolare di nuove tecnologie per il denaro digitale, cioè fare affari, commerciare, guadagnare con la più totale indifferenza del luogo d'azione poiché queste operazioni possono essere fatte da casa, in vacanza, in auto. È stato creato un computer sempre più 'elettrodomestico', amichevole, con molteplici funzioni tutte integrate.

Ed è proprio su questa linea che va notata l'unica vera, grande novità di questo salone: dalla boccheggiante Olivetti, arriva alla fine di questo mese il rivoluzionario 'Envision', nuovo personal computer per la famiglia che costa sui tre milioni, utilizza il televisore come monitor ed è pilotato da una tastiera senza fili che agisce in un raggio di sei metri. "Envision" legge i Cd audio, i Cd foto e i Cd Rom multimediali, utilizza Windows '95, ed è utilizzabile anche come impianto hi-fi, telefono, videoregistratore, fax, modem, segreteria telefonica." "Envision" che è già pronto per collegarsi a Internet, ha una forma simile a quella di un videoregistratore, ha il suo posto ideale proprio a fianco di questo ed è offerto in due versioni.

Nello specifico del Salone Smau '95, vengono proposte tutte le novità nelle tecnologie, nei prodotti, nelle applicazioni e nei servizi, con mostre storiche e un fitto calendario di convegni e incontri. Smau è così riconfermato punto di riferimento internazionale per un mercato che in Europa ha raggiunto il 32% del mercato mondiale e in questo contesto l'Italia rappresenta il 4% del mercato. I dati, che sono stati forniti dall'Assinform, dopo aver mostrato un calo due anni fa, adesso indicano un aumento dell'1.5% per hardware e software. È continuato invece il calo degli addetti alle telecomunicazioni mentre viene notata una crescita particolarmente sostenuta nel campo dei servizi pubblici.

Smau '95 inoltre propone un vero e proprio viaggio nella multimedialità e affronta la convergenza tra telecomunicazioni, informatica e media: autostrade elettroniche, televisione interattiva e telelavoro a cui è stato dedicato un convegno con Umberto Eco.

New words:

subissati	overwhelmed
incombente	inescapable
fragorosa	noisy
ingombrante	obstructing, cumbersome
elettrodomestico	household electric appliance
molteplici	manifold

boccheggiante	gasping, on its last legs
è pilotato	is operated
tastiera	keyboard
fili	wires
segreteria telefonica	telephone answering service/machine
collegarsi	to connect
nello specifico	within the context/as for
fitto calendario di convegni	a full programme of meetings
incontri	meetings
punto di riferimento	reference point
forniti	supplied
un calo	reduction
aumento	increase
crescita	growth, rise

Notes on Lettura 3

1 **si è aperta**: it opened
Note the use of **si** instead of a passive verb.

2 **le fosche nubi di Ivrea**: a black cloud over Ivrea
The Olivetti computer firm, based in Ivrea (a small town in the north-west of Italy) was going through very difficult times when this article was written.

3 **L'Italia della gente**: ordinary Italians
The general public, as opposed to **gli esperti**

4 **possono essere fatte, dopo aver mostrato**
Two past infinitives: the first is passive, the second comes after **dopo** which, as we have seen, always requires a past infinitive.

5 **è stato creato, è offerto, è così riconfermato, sono stati forniti, è stato dedicato**:
All examples of passive verbs with **essere** + past participle.
va notata, viene notata, vengono proposte:
passive voice with **andare** or **venire** + past participle. There is a subtle difference of meaning between **va** and **viene notata**: **va notata** is more forceful, it means *it must be noticed*, **viene notata** means *one notices*.

6 la boccheggiante Olivetti
Firms usually take the feminine gender: **la Fiat, la Zanussi,** etc.

7 Assinform
Assinform conduct opinion poll research in Italy.

8 addetti alle telecomunicazioni: employed in the telecommunications industry
Addetto is a very useful word to remember, it means *employed by*, *assigned to*:
Chi è addetto alle vendite? Who deals with sales?
È l'addetta stampa. She's the press officer.

Andrea Aparo studioso di informatica e autore del libro 'Tutto sull'Internet' dice: "pure usare Internet non ci vogliono abilità particolari, unico limite è la vostra curiosità"

Grammatica

The passive voice

- The passive in Italian is formed by using the appropriate tense of the verb **essere** followed by the past participle of the transitive verb involved. This participle agrees in gender and number with the subject as does the past participle of **essere** when used in compound tenses:
  Le camere sono prenotate.
  The rooms are booked.
  La carta telefonica è stata data gratis.
  The phone card was given free.

- The agent *by* is translated by **da**:
  L'Internet sarà usata da tutti?
  Will Internet be used by everybody?

Use of auxiliary verbs in the passive voice

- The auxiliary verb **essere** is often replaced by the verbs **venire**, **andare** and, in some cases, **rimanere**:
  - **venire** has the same meaning as **essere** and can only be used in present, imperfect, future, conditional and simple past tenses:
    L'informatica venne/fu discussa al congresso.
    Information technology was discussed at the conference.

    Remember that compound tenses cannot be formed with **venire**:
    La lavagna luminosa non è stata usata molto.
    The overhead projector hasn't been used much.

  - **andare** is used to imply obligation and, like **venire**, is not used with compound tenses:
    I biglietti dell'autobus vanno comprati in tabaccheria.
    Bus tickets must be/are bought at the tobacconist's.
    In italiano l'indirizzo va messo in fondo alla lettera.
    In Italian the address must be/is put at the bottom of the letter.

  - **rimanere** (**restare**) is used mainly with verbs expressing feelings and in all tenses:
    Sono rimasta colpita dalla sua gentilezza.
    I was touched by his kindness.

The impersonal construction with 'si' passivante

- As we saw in Lesson 6, the Italian 'si passivante' is often used instead of the passive when the agent is not expressed, particularly when the sentence has a general meaning:
  Il passivo si usa più in italiano che in francese.
  The passive is used more in Italian than in French.
  Si parla italiano. Italian is spoken.

Limitations on the use of the passive

- The passive voice cannot be used in Italian where the <u>indirect object</u> of an active sentence is used as a subject, such as:
  Moravia was given the prize – Moravia being the indirect object of the active sentence: *They gave the prize to Moravia.*
  In Italian you would use the active sentence:
  Diedero il premio a Moravia. or
  Il premio venne dato a Moravia.

  Other examples:
  He was offered a contract.   **Gli hanno offerto il contratto.**
                                      Gli è stato offerto il contratto.
  I was asked to leave.   **Mi chiesero di andarmene.**
                                      Mi venne chiesto di andarmene.

Esercizio 91

Answer these questions after reading Lettura 3 and studying the use of the passive voice:

1 Perché, secondo voi, l'articolo è intitolato 'dittatura' di Windows '95?
2 Dove si è svolta questa esposizione Smau '95?
3 In che cosa consiste la 'civiltà delle reti'?
4 In che senso si può parlare di computer come elettrodomestico?
5 Qual è la vera novità del salone Smau '95?
6 Come funziona questo nuovo personal computer?
7 In quanti modi può essere usato l'Envision?
8 Che percentuale ha l'Italia del mercato europeo dell'informatica?
9 Da chi sono stati forniti questi dati statistici?
10 A che cosa è stato dedicato il convegno con Umberto Eco?

Conversazione 3

Il futuro è qui

*This is the shortened version of an interview by Andrea Faiano with Nicholas Negroponte, founder and director of the Media Laboratory of the MIT in Boston, taken from the magazine **Ulysses**:*

A. F. È difficile capire la rivoluzione digitale? Lei pensa che i cambiamenti in atto debbano raggiugere un maggior numero di persone?

N.N. Sono convinto di sì. Il problema è in parte costituito dal fatto che molti ne danno una spiegazione piuttosto oscura, che fa sembrare il tutto più complicato. A volte le parole vengono usate in modo strano: ad esempio si parla a sproposito di "rivoluzione digitale", riferendosi genericamente a tecnologie avanzate senza tener conto del suo autentico significato . . .

A.F. Perciò c'è molta disinformazione?

N.N. Sì, anche se non è intenzionale.

A.F. Così lei è tuttora convinto che la direzione è già segnata, che non si può tornare indietro.

N.N. Certamente. E non si può far nulla per fermare tutto questo. In altre parole i governi dei vari Paesi non sono in grado di mettervi un freno perché la rete Internet, per esempio, si è sviluppata e continua a svilupparsi dal basso e le autorità non possono intervenire più di tanto.

A. F. Non pensa che si facciano anche tante chiacchiere a riguardo?

N.N. Sì. Ma allo stesso tempo il fenomeno viene anche sminuito. Il fenomeno viene sottovalutato. È una contraddizione interessante.

A.F. Alcuni si chiedono quante persone che parlano dell'Internet ne facciano veramente uso . . .

N.N. Non è questo il punto. Secondo le statistiche un gran numero di giovani utilizza Internet per molti scopi diversi. Tra i ragazzi americani di circa dieci anni non c'è praticamente nessuno che sia digiuno di informatica: il 99,9 per cento sa usare il computer. La situazione europea non è molto diversa. Questa è l'era digitale.

A.F. Crede che la rivoluzione digitale avrà degli effetti sul rapporto tra i popoli e le nazioni?

158

N.N.   Certamente.
A.F.   Eppure la tecnologia ha un costo . . .
N.N.   Con 2000 dollari hai l'attrezzatura necessaria. Dieci anni fa
        per accedere a queste macchine dovevi lavorare al MIT.
        Adesso io non ho neanche un ufficio qui . . .
A.F.   Ci sono rischi? Cambierà il nostro rapporto col mondo che
        ci circonda?
N.N.   Ne dubito. Internet ti permette di entrare in contatto con
        il mondo esterno in un modo impensabile fino a poco
        tempo fa.
A.F.   Chi resterà escluso da questa trasformazione?
N.N.   Al momento è una questione di età. Negli stati Uniti sono
        gli anziani e i giovanissimi che si collegano con l'Internet.
        Mentre la popolazione tra i 30 e i 50 anni ha utilizzato poco
        queste tecnologie.

New words:

in atto	put into action
sono convinto di sì	yes, absolutely
il tutto	the whole thing, all that
tuttora	still
è già segnata	is already indicated
sminuito	diminished
sottovalutato	undervalued
l'attrezzatura	equipment
accedere	to have access
impensabile	unthinkable
si collegano	are connected
ha utilizzato poco	did not use much

Notes on Conversazione 3

1 **pensa che ... debbano pensa che si ... facciano ... è convinto che ... è gia segnata**
After verbs of opinion the subjunctive (**pensa che debbano**) is used to express personal opinion or uncertainty, while the indicative (**è convinto che è**) implies certainty.
nessuno che sia
nessuno che, is always followed by a subjunctive (see also Grammatica in Lesson 3).

2 **vengono usate, viene sminuito, viene sottovalutato, resterà escluso:**
Note the use of the passive voice with **venire** and **restare**

3 **a sproposito**: inopportunely, wrongly
Used as a noun, **sproposito** means mistake, blunder.
Parlare a sproposito: to say something wrong or out of place

4 **tante chiacchiere**: a lot of hot air/hype
Both this and **a sproposito** are colloquial expressions. In this interview they reflect a degree of impatience on the part of the speaker.

5 **digiuno di informatica**: computer-illiterate
Digiuno, apart from the literal meaning of *not eating/fasting*, also means *not knowing, lacking*.

6 **Ne dubito**: I doubt it/I don't think so
Dubitare is followed by **di + object** when the subject of the main clause is different from that of the subordinate clause or **di + infinitive** when the subject is the same:
Dubito di tutto quello che dice. I doubt everything he says.
Dubito di poterlo fare. I don't think/doubt I can do that.

7 **anziani**: old/elderly people
Anziano does not mean *ancient* and is only used to describe people. It is considered a more positive word than **vecchi**. The English *old-age pensioners* could be translated as **persone anziane**. **Pensionati** simply refers to people in receipt of a pension and these are not necessarily old people in Italy.

160

Esercizio 92

*After reading or listening to Conversazione 3,'**Il futuro è già qui**',
read these statements and decide whether they are true or false:*

	Vero	Falso
1 L'Internet si è sviluppata dal basso, fuori del controllo dei vari governi.	☐	☐
2 I giovanissimi e gli anziani sono rimasti esclusi dalla rivoluzione digitale.	☐	☐
3 Il signor Negroponte non ha neanche più l'ufficio al MIT.	☐	☐
4 La diffusione dei personal computer in Europa è molto diversa dall'America.	☐	☐
5 L'Internet cambierà il nostro modo di vedere il mondo che ci circonda.	☐	☐

Esercizio 93

Turn these passive sentences into the active form, as in the example:
La ditta è stata chiusa per ferie. **Hanno chiuso la ditta per ferie.**

1 Il risultato venne riconfermato dall'Assinform.
2 La merce era stata assicurata dallo spedizioniere.
3 L'autostrada è stata inaugurata dal ministro dei trasporti.
4 Queste operazioni possono essere fatte da chiunque.
5 La rete è rimasta occupata per tre ore.

Esercizio 94

Turn these active sentences into the passive form, as in the example:
Elsa invita i colleghi a cena. **I colleghi sono invitati a cena da
Elsa.**

1 Il sindaco domani riceverà la giunta comunale.
2 Nessuno aveva registrato il suo discorso.
3 Hanno licenziato Mario.
4 Chi ha preparato questo documento?
5 La maggioranza della popolazione mondiale parla il cinese.

Esercizio 95

*Translate these sentences into Italian, using the passive voice or the si
passivante whenever possible:*

1 She was invited by the Company to attend the conference.

2 Internet is not being used by many people yet.
3 The rooms will be booked in advance.
4 Computers are used more in America than in Italy.
5 The computer must be connected to the keyboard.
6 Spaghetti must not be eaten with a spoon.
7 The new programme had been installed by an expert.
8 She was supposed to be the interpreter.
9 I was taught to drive by my wife.
10 The poster was put on the wall.

Cortesie: come accettare, rifiutare e chieder favori

These are some expressions commonly used when accepting
or refusing something and when asking or granting a favour, using
formal or familiar forms of address:

1 How to ask for a favour:
    Familiar: **Senti un po' ... / Mi faresti un favore?**
    Formal: **Permette che ... / Mi permette di ...?**
           Senta, potrebbe ... / Le dispiacerebbe ...
2 How to accept an invitation:
    Fam. **Ma certo./Sì, sì./Certo, grazie./Volentieri.**
        Se non ti do troppo da fare.
    Form. **La ringrazio molto/Non vorrei disturbare/dar**
        da fare ecc.
3 How to refuse:
    Fam. **Guarda, purtroppo non posso /**
        Scusa, sai, ma ... / Mi devi scusare, ma ...
    Form. **La ringrazio molto, ma purtroppo ... /**
        Mi scuso tanto./Mi dispiace, ma purtroppo.../
        Lo farei più che volentieri, ma ...

Esercizio 96

*Mario, Carlo and their managing director are at the Taormina
conference mentioned in Conversazione 1 and are trying to rearrange
the afternoon schedule.*
*Complete this conversation by answering in Italian using the polite
expressions for accepting/refusing mentioned above:*

   Direttore   Senta dottor Fausti, vuole presentare lei il primo
               conferenziere oggi pomeriggio?

162

1 *Carlo Fausti* ....
[I'm terribly sorry, I really would like to help, but I'm afraid I have to give a seminar]

Direttore È il sottosegretario al Ministero delle Finanze, sa. Non potrebbe chiedere a un collega di fare lui il seminario?

Carlo Fausti then decides to ask Mario to conduct the first seminar instead of him.

2 *Carlo Fausti* ....
[Mario, would you mind? Could you swap with me and do the first seminar this afternoon? I'll do yours tomorrow.]

3 *Mario* ....
[I'm sorry, Carlo, but I just can't. I always go jogging in the afternoon.]

Carlo Fausti È il direttore generale che mi ha suggerito il tuo nome, così io posso essere libero di presentare il ministro.

4 *Mario* ....
[Well, in that case, tell him that I'd be honoured to introduce the Minister myself. And I hope you appreciate my sacrifice . . .]

Carlo Fausti (*Sarcastico*) Sei troppo gentile. No, no, basta che tu faccia il mio seminario, al ministro ci penso io, non posso certo offendere il nostro Capo, ti pare?

Esercizio 97

Find the hidden phrase using the letters and the picture below:

REBUS: Frase 3, 6, 9 [UN - / - - ST- - / - - / - - - - - - CHE]

Lesson 8 - Lezione ottava

Un sabato in famiglia

In this lesson you will learn more about leisure activities such as shopping and going to the gym as well as read about Italian attitudes to pets and sports.
You will also learn:
- *how to write formal and informal letters*
- *some useful expressions to use when shopping for clothes*

The grammar will include:
- *sequence of tenses in the indicative and subjunctive*
- *use of definite articles*

Attività di fine settimana

Conversazione 1

Sabato pomeriggio dai Falcone

Franca fa la l'aerobica

Andrea fa il body building

Mr and Mrs Falcone and their children Andrea (19) and Franca (11) discuss their plans for this Saturday afternoon:

Padre   Cosa hai intenzione di fare oggi pomeriggio?

Madre   Dipende, se Andrea sta in casa con la Franca io vado a fare unpo' di spese in centro e tu? Padre Devo rispondere alla lettera di un professore dell' università di Padova: mi ha invitato a fare una serie di conferenze sullamedicina sportiva. Dice che che ci eravamo conosciuti a quel congresso che avevano fatto qui a Milano e, benchè non miricordi bene di lui, ci tengo ad andarci.

Andrea   Sono impegnato, te l'ho già detto che al sabato mi piace andare in palestra a fare il body building ...

Franca   Posso venire anch'io? Fanno anche l'aerobica, ci va anche la Cicci. Mi lasciate andare?

Madre   Quanto vengono le lezioni?

Franca   14.500 lire all'ora per le lezioni di gruppo: ma bisogna prenotarne almeno dieci.

Padre   Beh, meglio in palestra che a guardare la televisione tutto il giorno.

Andrea   Devo trascinarmi dietro anche queste due?

Madre   Smettila di lamentarti, se non vuoi portarle in palestra, potete andare tutti e tre al parco a far fare una passeggiata al cane: se ti ricordi mi avevi promesso di aiutarmi il sabato pomeriggio in cambio dell'iscrizione al corso di body building ...

Andrea   Al parco con mia sorella, la sua amica e Rex? Piuttosto le porto in palestra ...

Franca   Ottimo! Telefono alla Cicci. E, mamma, mi compri una tuta come la sua, ma in verde, visto che vai a far spese?

Madre   L'aerrobica sì, se tuo padre è d' accordo, ma per la tuta, vedremo ...

Padre   Allora, me ne vado in studio e, visto che sono di buon umore, porto Rex a fare la sua passeggiatina e preparo io la cena stasera.

New words:

quanto vengono?	how much are they?
tuta (sportiva)	track suit
visto che	while, since

Notes on Conversazione 1

1 la Franca, alla Cicci
Colloquially, women's first names are often used with the definite article.

2 mi ha invitato ... Dice che ci eravamo conosciuti ... che avevano fatto ...
Note the use of different tenses in Italian to indicate what happened in the recent or not-so-recent past. As you will see in the Grammatica section that follows, the rules that govern the use of different tenses in reported speech are more rigid in Italian than in English. **Ci eravamo conosciuti** and **avevano fatto** in English would be translated as *we met* and *they organized*.

3 in studio
When referring to one's own house or office, shop, etc., in Italian, you omit the definite article with the preposition **in**:

Noi mangiamo sempre in cucina.	We always eat in *the* kitchen.
Lavorano tutti in negozio.	They all work at *the* shop.
Ci vediamo in ufficio.	We'll meet at *the* office.

You will find more on the use of the definite article in this lesson's Grammatica section.

Esercizio 98

Answer these questions after reading or listening to Conversazione 1

1 La madre cosa farà di bello oggi?
2 A chi deve scrivere una lettera il padre e perché?
3 Chi avrebbe dovuto portar fuori il cane oggi pomeriggio e perché?
4 Andrea dove accompagna sua sorella oggi pomeriggio?
5 Che cosa si è offerto di fare il padre?

Grammatica

Use of the definite article

In many cases a definite article is used in Italian when it is also used in English, but there are several instances when its usage differs, as you will see below.

The definite article is used in Italian, but not in English, in the following cases:

- before possessive adjectives and pronouns, except with the names of close relatives in the singular and always with **loro**:
  I mei figli, mia cugina, il loro zio.
- with dates, hours and many expresions of time:
  il 2 agosto, sono le quattro
- with expressions of measure, when in English you would use *each* or *every*:
  300 lire il (al) chilo, 60 chilometri all'ora, il lunedì
- before titles:
  la signora Rossi, il dottor Bianchi, l'ingegner Verdi
  but not when these are used in direct speech as vocatives:
  'Entri signor Rossi! Buongiorno dottor Bianchi', etc.
- before names of countries, regions, large islands, mountains, rivers, lakes:
  l'Australia, il Piemonte, la Sardegna, il Monte Bianco, l'Adige, il Tamigi, il Trasimeno
- with abstract nouns, nouns denoting substances and used in a general sense:
  la fede, la carità, l'arte, la medicina, etc.
  l'acqua, il vino, l'oro, etc.
  La donna vive più a lungo dell'uomo.
- before plural nouns representing a whole category:
  I Francesi sono molto ammirati in Italia.
  I cani sono animali domestici.
  Gli spaghetti vanno cotti al dente.
- before surnames of famous people and all surnames in the plural:
  La Duse, il Leopardi, la Loren, i Bianchi,
  but:
  the names of some famous people are used without the definite article:
  – **Dante, Michelangelo, Raffaello, Tiziano,** etc.: because they are all first names.

    – **Verdi, Mazzini**: to indicate their superior status as household names.
- with all nicknames:
  I pittori come lo Spagnoletto, il Guercino
  Un famoso partigiano: la Primula Rossa
  Bologna è detta la Grassa.
- colloquially, before the first names of women:
  La Maria porta il cappello della Giovanna.
- before the names of football teams:
  il Torino, la Juventus
- instead of the English possessive when referring to something belonging to the subject of the sentence (parts of the body, belongings, etc.):
  Mi sono lavata le mani.
  Ho perso il portafogli.
- after the verb **avere** followed by physical descriptions:
  Enzo ha gli occhi neri.
  Ho i capelli ricci.
- before infinitives used as nouns (see also Grammatica in Lesson 7)
  Muiono dal ridere. They are killing themselves laughing.

Omission of the definite article

The general rule is that the definite article is used more often in Italian than in English; there are instances, however, when it is omitted in Italian, but not in English. These are:
- before nouns used as appositions:
  Asolo, città dalle cento viste.
- after the preposition **in** when referring to rooms belonging to the subject of the sentence:
  Resto in ufficio.
- after prepositions in some commonly-used expressions:
  in cima, a destra, a teatro, in spiaggia

Esercizio 99

Complete these sentences by adding or omitting the definite article:

1 ... caccia e ... pesca sono molto popolari in Italia.
2 La racchetta da tennis è in ... cima all'armadio.
3 Hai mai parlato con ... avvocato Rossi?
4 Ti piacciono ... gatti?

168

5 ... Veronese è ... mio pittore preferito.
6 Ho letto una poesia di ... Foscolo e "I Promessi Sposi" di ...
  Manzoni.
7 Ieri sono andata da ... Rossi a pranzo.
8 Guardo ... televisione e ... mio marito ascolta ... radio.
9 Sono ... otto e ... italiani si mettono tutti a ... tavola.
10 In centro ... pane e ... pasta costano 300 lire di più ... chilo.

Esercizio 100

*And now translate these sentences into Italian paying particular
attention to the use of the deinite article:*

1 I don't believe in newspapers.
2 Do the Italians like rugby?
3 Mont Blanc is the highest mountain in Italy.
4 Titian's paintings are the most beautiful in the Museum.
5 George broke his leg skiiing.
6 The aerobic class starts at 6 p.m.
7 I go shopping by car every Saturday.
8 Juventus is Andrea's favourite team.
9 Cats are said to be quite independent.
10 All their children have brown hair.

Animali domestici

FORMATO

Gli animali domestici e gli italiani

Questo è un particolare di un affresco del **Veronese**. L'affresco si trova nella villa Barbaro Maser vicino a Treviso. In questo partcolare si vede la 'vecchia balia' con un cagnolino.

Lettura 1

La traduzione di 'pet'

*This passage is taken from Tim Parks' **Italiani**, published in Italy by **Bompiani** in 1995. The author, who lives in the Veneto region, describes the Italian attitude to pets:*

Forse il modo migliore per esplorare il rapporto tra i veneti e gli animali è quello di esaminare la normale traduzione della parola inglese "pet", che in italiano si rende con "animale domestico": il cane è un animale domestico.

Ebbene, in inglese è comunissimo dire alla propria ragazza, al moroso, alla moglie, marito, figlio, bambina, "What a pet you are!", con il significato di "che delizia, che amore, che piacere, che coccolone che sei nell'intimità e nel calore della famiglia" ... Chiediamoci ora se sarebbe possibile dire, in italiano, "Che animale domestico che sei"? No, non sarebbe una buona idea. Perché significherebbe innanzitutto che l'oggetto del nostro affetto è solo un animale, l'opposto quindi dell'Homo sapiens, una specie più elevata, dotata di parola, pensiero e <u>fucile a tracolla</u>, secondo, sarebbe implicita nel termine una condizione di sottomissione, a indicare che lui o lei conosce il suo posto, non dà fastidio a nessuno e abbaia solo quando è indispensabile.

In breve gli italiani – o almeno i veneti – trattano i loro animali domestici diversamente dagli inglesi. Nel 90 per cento dei casi li lasciano fuori; non li lasciano entrare in casa e non si sognerebbero nemmeno di farli dormire <u>ai piedi</u> del letto. L'idea del proprio figlio che si lascia leccare la faccia dal cane – come mi capitava spesso quando ero bambino – farebbe inorridire la moderna mamma vicentina (e forse non avrebbe torto).

Notes on Lettura 1

---

1 moroso: boyfriend, lover
Colloquial and rather outdated expression, but still used in the Veneto region.

2 fucile a tracolla: a gun slung over the shoulder
A reference to Italian men's passion for hunting. (**la caccia**).

3 ai piedi: at the foot of
Note the use of the plural here and in other expressions such as:

a piedi	on foot	**su due piedi**	straightaway
in piedi	standing	**da capo a piedi**	from head to foot

Esercizio 101

Answer these questions after reading Lettura 1:

1 Come si traduce 'pet' in italiano?
2 Come definisce l'autore l'Homo sapiens?
3 Secondo Tim Parks dove tengono il cane gli italiani?
4 Chi e quando si lasciava leccar la faccia dal suo cane?
5 ... e gli pare ancora una buona idea?

Siete amico del vostro cane?

Still on the subject of pets, try to do this test, which appeared in the magazine Oggi recently. Check your score at the end – perhaps it will help you find out more about how pets are treated in Italy:

1 Il cane dorme in casa:
   a) Lo lasciate dormire sul vostro letto.
   b) Lo lasciate dormire dove vuole lui.
   c) Lo lasciate dormire in un posto scelto da voi.

2 Il cane vi è accanto quando il televisore è acceso. Voi . . .
   a) Regolate l'audio perché il suono non lo infastidisca.
   b) Siete troppo interessati alla TV per occuparvi di lui.
   c) Lo accarezzate spesso.

3 Durante la notte il cane gratta alla porta perché vuole uscire dalla stanza. Voi . . .
   a) Gli dite di starsene buono e zitto.
   b) Vi alzate e gli aprite la porta.
   c) Gli lasciate, prima di andare a letto, la porta socchiusa.

4 Il cane vi lecca con affetto. Voi . . .
   a) Vi chiedete se non ci sia pericolo di contagio.
   b) Pensate che sotto controllo santiario non sia pericoloso.
   c) Non vi ponete il problema.

5 Si parla di terapie per correggere certi comportamenti del cane. Cosa ne pensate?
   a) Ne so troppo poco per rispondere.
   b) Ne ho sentito parlare ma non credo che affiderei il mio cane.
   c) Credo che lo affiderei se fosse necessario.

6 Quale di questi gesti vi sembra più grave per il cane?
   a) Tappargli gli occhi.
   b) Tirargli la coda.
   c) Strizzargli il naso.

7 Nel cane voi preferite . . .
   a) La disponibilità affettiva.
   b) La vicinanza continua.
   c) La docilità.

8 Le vacanze sono vicine. Voi . . .
   a) Non siete disposti a separarvi dal vostro cane a nessun costo.
   b) Cercate un amico a cui affidare l'animale.
   c) Cercate una buona pensione per cani.

9 Se un estraneo accarezza il vostro cane . . .
   a) Provate un vago fastidio.
   b) Provate orgoglio.
   c) Scrutate le reazioni dell'animale.

10 A Natale fate un regalo al vostro cane?
   a) Sì, un giocattolo con fiocchettino e biglietto.
   b) ì, una specifica ghiottoneria per cani.
   c) No, pensate che sia festa solo per la gente.

172

Adesso controllate il vostro punteggio:

	1	2	3	4	5	6	7	8	9	10
a	3	2	1	1	3	3	3	3	1	1
b	2	1	3	2	1	1	2	2	3	3
c	1	3	2	3	2	2	1	1	2	2

Da 10 a 12 punti:
Potete essere definiti amici ESIGENTI. Siete disposti a fare per il cane a patto però che lui faccia per voi. Certo l'animale è disponibilissimo al mondo dell'uomo. Magari però, talvolta, gradirebbe da parte vostra un po' più di attenzione al suo mondo.
Da 13 a 23 punti:
Siete catalogabili some EQUILIBRATI, che cercano di non dimenticare mai che il loro è un cane e ha esigenze sue proprie da rispettare. Un consiglio? Magari, qualche volta, lasciatevi andare. Il cane lo gradirà senz'altro.
Da 24 a 30 punti:
Vi siete prenotati un posto per entrare nella schiera degli ENTUSIASTI, quelli per cui il cane è soprattutto un'occasione di arricchimento affettivo.Un con siglio? Magari organi tanto chiedetevi se non state viziando un po' troppo la vostra "creatura".

Lettura 2

Il puledro

This gentle and moving description of the birth of a colt is taken from **Paese d'ombre**, *written by Giuseppe Dessì in 1972:*

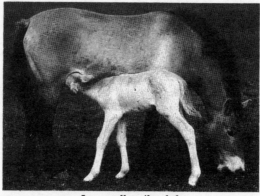

La cavalla e il puledro

La cavalla Zelinda, era <u>ingrossata</u> e aveva la pelle lustra e <u>tirata</u> come un frutto maturo. Non c'era bisogno di essere un <u>intenditore</u> per capire che il <u>parto</u> era imminente. La cavalla batteva lo <u>zoccolo</u>, rimuoveva la <u>paglia</u>, poi guardava Valentina coi suoi grandi occhi, come se aspettasse un aiuto.

Angelo e Valentina prima di andare a dormire coprirono Zelinda con una mordida <u>coperta da scuderia</u>.

A letto non riuscirono a prender sonno. A un tratto si udì un breve <u>nitrito</u> del puledro, un nitrito chiaro, infantile.

Scesero di corsa le scale: Sofia <u>afferrò</u> la <u>lucerna</u> e alla luce rossastra apparve il puledrino ancora tutto bagnato, <u>ritto</u> quasi per miracolo sulle lunghe gambe tremanti. La madre lo leccava senza sosta per asciugarlo. Il puledrino fece di nuovo sentire il suo nitrito ... Il puledrino stava già ritto sulle <u>esili</u> gambe e faceva persino qualche passo. La madre, spingendolo col muso lo <u>scostava</u> da sé, ma lui si voltava solo quanto gli bastava per insinuare la testa e mettersi a succhiare, <u>scotendo</u> di piacere il codinzolo biondo. Era magrissimo, con un testone <u>ossuto</u>, e come sua madre era <u>sauro</u> e aveva una lunga stella bianca che dalla fronte gli scendeva fino al muso roseo e morbido.

New words:

ingrossata	grown big	**afferrò**	grabbed
tirata	stretched	**lucerna**	oil lamp
intenditore	expert	**ritto**	standing
parto	birth	**esili**	slender
zoccolo	hoof	**scostava**	pushed away
paglia	straw	**scotendo**	shaking
coperta da scuderia	horse blanket	**ossuto**	bony
nitrito	neighing	**sauro**	bay horse

Esercizio 102

Answer these questions after reading carefully Lettura 2:

1 Come sappiamo che il parto è vicino?
2 Angelo e Valentina si addormentarono subito?
3 Come fecero a sapere che il puledrino era nato?
4 C'era la luce elettrica nella scuderia?
5 Di che colore erano il puledro e la madre?

174

Lettura 3

Scrivere lettere – Scriviamo agli altri

La lettera

These useful guidelines on letter-writing are taken from an Italian textbook **Lingua Espressione e Comunicazione,** *by G. Pittano (1987):*

Secondo la persona a cui scriviamo, lo stile della lettera sarà confidenziale, colloquiale, cortese ecc.

La lettera è generalmente scritta secondo certe regole d'uso:
- in alto a destra: luogo e data
- più in basso a sinistra: indicazione del destinatario
- a capo: il contenuto
- in basso a destra: la chiusa.

La busta reca le seguenti indicazioni:
- titoli, nome e cognome del destinatario
- indirizzo: via e numero
- codice postale e luogo di destinazione

Le lettere ufficiali e commerciali hanno invece un altro stile e sono soggette a convenzioni burocratiche per quanto riguarda l'indirizzo, l'intestazione, il testo corrente, le formule di saluto ecc: la data va in alto a destra, l'indirizzo del destinatario più in basso a sinistra; la firma va in calce a destra e l'indirizzo del mittente a sinistra. Nelle indicazioni delle lettere ufficiali occorre specificare anche l'*oggetto*, cioè l'argomento della lettera. Non dimenticate mai di mettere il codice di avviamento postale prima del nome del luogo!

New words:

confidenziale	informal, friendly	**firma**	signature
destinatario	recipient	**in calce**	at the foot of the page
la chiusa	ending	**mittente**	sender
codice postale	postal code		

Esercizio 103

Answer these questions on letter-writing after reading Lettura 3:

1 Dove si mette il codice postale: prima o dopo il nome del luogo?
2 Dove si mette il proprio indirizzo?

3 Quando è necessario mettere l'oggetto della lettera?
4 La firma dove va messa in una lettera ufficiale?
5 Che cosa va messo in alto a destra, prima della data?

Lettera 1

Una lettera a un inquilino del condominio

This is a formal letter; note the position of the sender's address and the way the letter opens and closes:

Londra, 22 novembre 1996

Rag. Mario Casali
[his address]

Egregio Ragioniere,

Le scrivo per metterLa al corrente della situazione riguardante lo scolo d'acqua dal Suo balcone di Via Marconi 6. Come Lei sa, al primo piano abbiamo una terrazza che dà direttamente sul cortile al pianterreno. Il cortile appartiene al Dottor Veneziani che nel corso del corrente mese ha notato acqua che scola dal muro e che sembra provenire dalla mia terrazza.

Ma il mio geometra ha fatto un sopraluogo e ha constatato invece che l'acqua viene dal Suo balcone al secondo piano e va poi a finire sul muro del mio appartamento, cioè il muro della cucina che è ora sempre umido.

Il dottor Veneziani si è messo in contatto con me e vuole che questo problema sia risolto il più presto possibile. Io non posso far nulla non solo perché sono qui a Londra e non posso recarmi a Verona fino al mese di gennaio, ma soprattutto perché è Lei che deve porre rimedio a questa infiltrazione. Ho scritto anche all'amministratore del condominio per metterlo al corrente della situazione.

La pregherei quindi di risolvere la questione al più presto possibile poichè il muro esterno della mia cucina si sta rovinando e tutta questa umidità è pericolosa non solo per la salute ma anche perché su quella parete ci passano i fili della luce.

In attesa di una Sua cortese risposta,
Distinti saluti,

(Annalisa Mazzari)

Annalisa Mazzari
[her address]

New words:

Rag. (ragioniere)	accountant
scolo	drainage
geometra	surveyor
sopraluogo	inspection, survey
parete	wall

Notes on Lettera 1

1 Londra, 22 novembre 1996
As we have seen in Lettura 3, only the name of the town comes at the top before the date; the sender's address comes below the signature.

2 Egregio Ragioniere
This is how you would address a person of standing. Other examples:
Egregio avvocato, Egregio signore/ingegnere, etc.
When referring to a whole institution or company you must use **spettabile**:
Spettabile direzione, Spettabile Ditta Motta, etc.
The Italian way of beginning, addressing and ending a letter may sound a little pompous to non-Italians, but it is considered courteous to follow these rules.

3 In attesa di una cortese risposta: Looking forward to your reply.
When referring to somebody's letter, card, etc., it is customary to add the adjective **cortese**. Other examples:
La ringrazio della sua cortese lettera del 3 gennaio

4 Distinti saluti + signature bottom right
This is the customary way to end a formal or semi-formal letter.
Less formally: **Cordiali saluti/Cordialmente/Tanti saluti** (best wishes). A more familiar ending would be:
Cari/carissimi/affettuosi saluti: Love/much love.

Esercizio 104

Now imagine that you are Ragionier Casali and, a week later, write a letter of reply to Signora Mazzari, stating your case politely but firmly:

– Put address and date.
– Thank her for her letter.
– In so far as you are concerned there is no problem.
– Your small balcony is indeed above Mrs Mazzari's large terrace and when it rains they both collect a certain amount of rain, but there is nothing you can do about it.
– The water does not come from your apartment, it comes from the sky.
– Perhaps the drain on her terrace is blocked or not working well.
– You are sorry, you cannot be of more help, but unfortunately this is her responsibility, not yours.
– End the letter with usual formal greetings.

Lettera 2

Lettere tra amici
Esercizio 105

Translate this letter from Carol to some acquaintances in Italy and make sure that you follow the rules on letter-writing given in Lettura 3:

> 23, Pembroke Lodge
> Roxborough Gardens
> Glasgow G2 7NG
> 2nd November 1996

Dear Mario and Concetta,

Thank you for your letter and for the lovely photos of our holiday in Jesolo. Mark and I had such a lovely time there and we really enjoyed meeting you and your family. As you can see, we are trying to keep up with our Italian and are using a book with cassettes as well as reading as much as we can. We are looking forward to practising when you come to see us.

Don't forget your promise to spend Easter in Scotland with us. We have already planned lots of trips for us to do together; we could go to the lakes or the mountains.

But don't forget the weather may be rather cooler than in Italy.

We hope Lisa is enjoying university in Milan. And how is your mother, Concetta? Did she enjoy her week in Abano Terme? Please give her our regards.

I enclose the photos we took — not as good as yours — but we thought you'd have a good laugh at the one with Mark and Mario asleep on the beach.

Best wishes,
(*Carol*)

Lettera 3

Una lettera ufficiale

This official letter was written after a road accident:

Napoli, 30 gennaio 1996

Signor Antonio Peretti
Via Garibaldi 32
2300 TERAMO

Oggetto: comunicazione incidente stradale.

Egregio signore,

A seguito dell'incidente del 29 c.m. in Via Strozzi alle 23.20, da Lei provocato con la Sua vettura Alfa Romeo targata MI 298445H, in cui il mio motorino Guzzi 125 targato TE 320400A ha subito considerevoli danni, tengo a comunicarLe che terrò a Sua disposizione il motorino per una settimana qualora Lei intendesse fare una Sua perizia indipendente, dopo di che farò le necessarie riparazioni di cui Le invierò la fattura.

Le sarei grato se potesse sollecitare il saldo della fattura presso la Sua Compagnia di Assicurazioni, poichè ho bisogno del motorino per il lavoro.

In attesa di una cortese risposta, Le porgo distinti saluti.

(*Remo Scola*)

Remo Scola
Via del Gesù 47
32560 NAPOLI

New words:

a seguito	following	**disposizione**	disposal
provocato	caused	**qualora**	in case
vettura	car	**perizia**	estimate
targata	with licence number	**riparazioni**	repairs
motorino	scooter	**fattura**	bill
ha subito	suffered	**sollecitare**	to hasten, urge
tengo a	I must	**saldo**	settlement

Notes on Lettera 3

1 **Oggetto**: re
In Italian this goes below the recipient's address and before the **Egregio signore**.

2 **Egregio Signore**
In a formal letter the surname of the recipient is omitted, once his/her name and address are written at the top.

3 **c.m.** = **corrente mese**: referring to the present month.
u.s. = **ultimo scorso**: when referring to previous months.

4 **comunicarLe**: to let you know
The capital letter for possessive adjectives and personal pronouns relating to the recipient is still used in formal and business letters.

5 **Le porgo distinti saluti**: Yours faithfully
More formal than just: **Distinti saluti**.
A more official ending, for example, with a job application, would be in the third person: **Porge distinti saluti**, + signature.

Esercizio 106

Answer these questions after reading Lettera 3:

1 Qual è l'argomento di questa lettera?
2 Chi è il mittente della lettera?
3 Il signor Peretti era in motorino?

4 Per quanto tempo resterà a sua disposizione il motorino?
5 Perché dovrebbe essere responsabile dei danni il signor Peretti?

Lettura 4

Sports – Con i reni nuovi è diventato un campione

Enrico in gara di sci

This article from the magazine 'Gente' describes the sporting triumphs of Enrico, a young boy who has had a kidney transplant:

Alla nascita sembrava che Enrico avesse ben poche speranze di sopravvivere. Era affetto da una gravissima malattia congenita ai reni e i sanitari avevano fatto chiaramente capire che il suo destino era segnato. Ma poi c'era stato il miracolo. Gli sono stati trapiantati nuovi reni e, adesso, a tredici anni, Enrico è un mini-atleta che riesce a sbaragliare tutti gli avversari nel nuoto, nello sci, nel calcio, nel basket. Ha partecipato a competizioni internazionali in diverse parti d'Italia, in Francia, in Canada e ha collezionato un numero incredibile di premi.

La sua stanzetta è zeppa di coppe e di medaglie d'oro, d'argento e di bronzo.

Paffutello, biondino, i capelli lisci che gli ricadono sulla fronte, gli occhi vivacissimi, sempre pronto al sorriso, Enrico abita coi genitori vicino a Milano.
[. . .]

"Sapeste che <u>soddisfazione</u> vederlo correre, nuotare, sciare, giocare al <u>pallone</u>", dice mamma Egidia, "Per noi è come se fosse nato due volte."

"Nel nuoto mio figlio ha già vinto due medaglie d'oro ai 'Giochi olimpici' per 'trapiantati' che si sono svolti nel '93 in Canada. Nello sci ha invece conquistato quattro medaglie d'argento l'anno scorso in Francia ed eccelle anche nell'<u>atletica leggera</u>", conclude con orgoglio il padre.

New words:

sopravvivere	to survive
reni	kidneys
sanitari	health team
sbaragliare	to rout
avversari	opponents
zeppa	packed, full
fronte	forehead
soddisfazione	pleasure
pallone	football

Notes on Lettura 4

1 **trapianti, trapiantati**: organ transplants, people with organ transplants

2 **paffutello**: chubby
The diminutive (see also diminutives in Lesson 3) makes the description kinder and more sympathetic, at least when it applies to a child.

3 **i capelli lisci**: straight hair
Note the use of the definite article (see Grammatica in this lesson).

4 **atletica leggera**: field events
Traditionally, athletic events have been divided into **atletica leggera** and **atletica pesante** (wrestling, weight-lifting, etc.)

Esercizio 107

After reading and listening to Lettura 4, answer these questions:

1 Perché Enrico ha avuto il trapianto dei reni?
2 Che sport fa il ragazzo?
3 Com'è Enrico fisicamente?
4 Dove e quando ha partecipato ai Giochi Olimpici?
5 In che sport ha vinto medaglie d'oro e d'argento?

Grammatica

Sequence of tenses in Italian

The sequence of tenses is more strictly observed in Italian than in English. As you have undoubtedly noticed in this book, many Italian writers use long paragraphs, with main clauses followed by numerous dependent clauses. Many Italians speak in long sentences too!

In order to make the meaning clear, it is therefore important to establish what is fact and what is a matter of opinion/uncertainty/possibility, etc. (by the use of different moods) as well as the sequence of events (by the use of tenses).

Umberto Eco's style of writing demonstrates this use of different moods and tenses very well, and it is something you should become familiar with.

The general rules for both indicative and subjunctive in dependent clauses are given below.

1 Sequence of tenses in the indicative

Indirect speech:

Indirect or reported speech is used when we report what someone else has said. In Italian it is usually in the indicative mood (see also Lesson 3 about the occasional use of the subjunctive in indirect speech), and is introduced by verbs such as: **dire, affermare, dichiarare, sostenere, rispondere, raccontare,** etc.:

If you want to turn direct into indirect speech, the tense of the verb usually changes.

Changing from direct to indirect speech

- If the verb in the main clause is in the present or future tense, the verb in indirect speech remains the same as in direct speech:

Direct Speech | Indirect Speech

Andrea dice: "Vado a casa." **Andrea dice che va a casa.**

If the verb in the main clause is in the past tense (**passato prossimo, passato remoto, imperfetto, trapassato prossimo**), the verb in indirect speech changes according to the tense used in direct speech, as follows:

Presente
Andrea diceva:
"Vado spesso al tennis"

Imperfetto
Andrea diceva che andava spesso al tennis.

Passato prossimo
Andrea ha affermato:
"Sono andato in piscina."

Trapassato prossimo
Andrea ha affermato che era andato in piscina.

Passato remoto
Lo scrittore rispose:
"Ci andai anch'io."

Trapassato prossimo
Lo scrittore rispose che c'era andato anche lui.

Futuro
L'arbitro ha detto:
"Il giocatore sarà punito."

Condizionale passato
L'arbitro ha detto che il giocatore sarebbe stato punito.

Imperativo
Andrea ci dice:
"Andate alla partita!"

Infinito
Andrea ci dice di andare alla partita.

Esercizio 108

Put these sentences into indirect speech:

1 La mia amica mi ha detto: "Andrò da sola in palestra."
2 Franca affermava: "L'aerobica è stata molto divertente."
3 Il mio inquilino ha risposto: " Io non ci credo."
4 Carla dice: " Non capisco questo gioco."
5 L'allenatore dice ai giocatori: " Mettetevi dietro al pallone!"

Grammatica

2 Sequence of tenses in the subjunctive:

- If the verb in the main clause is in the present or future tense, the subjunctive must be in the present or perfect tense:
  Penso che lui vada via.(*)   I think he's going.
  Penso che lui sia andato via.   I think he's gone/went.

  The present subjunctive indicates that the two actions (in the main clause and in the dependent clause) are contemporaneous. The perfect subjunctive is used to indicate that the action in the dependent clause is past in respect to that of the main clause.

  (*) the future tense can sometimes be used in the dependent clause:
  Penso che lui non andrà via.

- If the verb in the main clause is in the past tense or in the conditional, the subjunctive must be imperfect or pluperfect:
  Pensavo che andasse via.   I thought he was going/went.
  Pensavo che fosse andato via. I thought he'd gone.

  The imperfect subjunctive is used when the two actions in the main and in the dependent clause are contemporaneous.
  The pluperfect subjunctive is used when the action in the dependent clause is past in respect to that in the main clause.

- For the sequence of tenses in 'if' clauses see also Lesson 4.

Esercizio 109

Rewrite the following sentences using the introductory phrase given in brackets and changing the verbs where necessary:

1 "Sono appena tornato da Londra." (Mario mi scrisse che)
2 'Sono stanco, perché ho dovuto aspettare quasi un'ora." (Gino mi ha detto che)
3 "Verrò a trovarti domani." (Ti prometto che)
4 "Non gli ho dato i soldi." (Rosa disse che)
5 "Parlate più adagio!" (Gli ho chiesto di)

Lettura 5

Lezione di pugilato

*This extract is from **L'Omnibus del Corso – Stampe romane**, by the Tuscan painter and writer Bino Sanminiatelli, published in 1941. The author describes boxing, as seen through the eyes of a young boy whose idea of the sport is dramatically changed when he starts taking boxing lessons from a real heavyweight champion:*

Tra le mie varie passioni da ragazzo, gran posto ebbe quella del pugilato. Fu una passione forte. Avevo sempre udito parlare della boxe in maniera approssimativa e buffa; ne avevo udito dire soltanto dai vecchi che avevano viaggiato. Immaginavo due uomini con basette, Bill e Ted, due anglosassoni di una certa età, rotti a ogni avventura, dalla capigliatura rossa (oppuri calvi addirittura), un po' di pinguetudine, dei pantaloni attillati e una maglietta che aderiva alle lore forme rotonde le quali si dicevano allora atletiche. L'età? un che di mezzo tra i trenta e i cinquanta che per un ragazzo è la stessa cosa. E chi sa che all'immaginazione non avesse contribuito qualche vecchia stampa e, insieme, l'aspetto di quei signori che me ne parlavano imitandone gli atteggiamenti. Si muovevano incontro, i campioni della "nobile arte" a pugno nudo, facendo roteare l'uno attorno all'altro gli avambracci piegati, digrignando i denti, dicendosi truci parole di sfida, dritti sul torso, col ventre sospeso tra le cosce inguainate nei pantaloncini con un fiocchetto sulle ginocchia, i polpacci potenti ben piantati sui piedi. Uno di quelli, un calvo dal collo taurino e dagli orecchi accartocciati, lo vedevo con la pipa in bocca e, di tanto in tanto, gettare un getto sprezzante di saliva. Un pugno ogni tanto: toccato!. Un arresto, un saluto da amiconi; ...

Mi sembrò quindi una cosa assai nuova sentire che a Roma [la boxe] era a nostra portata. ... Così andai in palestra. Il mio maestro era un uomo di mezza altezza, coi capelli ben ravviati, un'espressione simpatica, cortesemente sportiva. ... Infilati i guantoni non per picchiare ma per parare e far finta di offendere (ogni tanto dava uno scappellotto, sorridendo, per far vedere che, se avesse voluto, avrebbe fatto di noi polpette); aveva il diavolo in corpo: si raggomitolava come un gatto, saltellava come un galletto, schivava come una scimmia. La sua faccia, introvabile, abbozzava uno strano sorriso di sfida, gli occhi gli balenavano vivi e ambigui. Allorchè veniva colpito si passava un guantone sul naso come gli prudesse o come per scacciare una mosca, e sorrideva ancora, ma con un sorriso che celava una smorfia. ...

Che differenza con quei due inglesoni dalle basette, dal naso arrubinato, Bill e Ted, piantati l'uno di fronte all'altro con bieco cipiglio, digrignando i denti e aspettando dritti e immobili il pugno che lentamente viaggiava per l'aria!

New words:

pugilato	boxing	**accartocciati**	cauliflower (ears)
basette	sideburns	**sprezzante**	contemptuous
calvi	bald	**a nostra portata**	available
pinguetudine	corpulence	**ravviati**	well-brushed
attillati	tight	**guantoni**	boxing gloves
stampa	print, etching	**picchiare**	to beat, to hit
pugno nudo	bare knuckles	**scappellotto**	slap
avambracci	forearms	**si raggomitolava**	rolled up
digrignando	baring	**schivava**	fainted
truci	fierce	**scimmia**	monkey
sfida	challenge	**abbozzava**	flashed
cosce	thighs	**balenavano**	gave a hint
inguainate	cased	**allorché**	whenever
polpacci	calves	**prudesse**	itched
ben piantati	firmly placed	**celava**	concealed

Notes on Lettura 5

---

1 **amiconi**: great friends
In this case the augmentative suffix gives a friendly meaning
to the word (see also Lesson 3).
The same applies to **inglesoni** (see note 3)

2 **faccia introvabile**: *(lit.)* 'that could not be found'; here
meaning *unreachable*

3 **inglesoni ... bieco cipiglio ... dal naso arrubinato**: the big
Englishmen ... with their fierce frowns and red noses
These words are deliberately bombastic to emphasize the
difference between the old, rather fat bare-knuckle fighters in
their posed picture (and the young boy's idealized view of
them) and the real thing, the true boxer, the boy's teacher
who is much more threatening. The boy knows that his
teacher could 'make mincemeat' of him: **Se avesse voluto,
avrebbe fatto di noi polpette.**

4 **pugno**: fist, punch, blow
fare a pugni: to fight, to box

Esercizio 110

Answer these questions after reading carefully Lettura 5:

1 Che cosa aveva contribuito a creare nel ragazzo questa idea
'approssimativa e buffa' della boxe?
2 Quali parole descrivono bene l'espressione del maestro con e
senza i guantoni?
3 A quali animali viene paragonato il maestro di boxe?
4 Perché la faccia del maestro viene detta **'introvabile'**?
5 E gli ... immaginari Bill e Ted portavano i guantoni?

Esercizio 111

*Rewrite the following sentences using the introductory phrase given in
brackets. Make sure that the verbs are put into the correct tense of the
subjunctive:*

1 La stampa mostra due pugili inglesi. (Mi pare che)
2 Il maestro ha una corporatura atletica. (Il ragazzo pensava che)
3 Il campione del mondo guadagna più di 100 milioni all'anno. (Si
dice che)

4 Non ho ricevuto la sua risposta. (Aveva paura che)
5 Erano rimasti soli tutto il giorno. (Speravo che non)

Fare spese

Il Duomo di Milano

Esercizio 112

Signora Falcone has just come back from her shopping trip and tells her daughter all about it. Now turn what she says into indirect speech, starting with:

La signora Falcone ha detto che aveva deciso di ...

1 Ho deciso di lasciare a casa la macchina e ho preso la metropolitana fino al Duomo.
2 Mi sono fermata alla Rinascente e sono salita al reparto arredamento.
3 Mi sono lasciata tentare da questi due bei barattoli di Alessi.
4 Poi ho visto un magnifico paio di scarpe da Magli.
5 Purtroppo mi andavano un po' strette e ci ho rinunciato.
6 Alle 5 mi sono trovata con Martina a prendere il tè.
7 Non penso che Martina sia molto contenta dei suoi acquisti.
8 Infatti poi lei è tornata in via Spiga a cambiare un golfino.
9 Io invece sono andata in rosticceria e ho comprato un po' di antipasto.
10 L'unica spesa un po' frivola è questo foulard di seta di Missoni.

Some expressions used when shopping for clothes:

Che misura desidera?	What size would you like?
Sono in svendita?	Are they in the sale?
Ha guanti di pelle/camoscio /capretto/foderati?	Do you have leather, suede, kid, lined gloves?
Mi fa vedere ...?	Could I see ...?
Il maglione è troppo largo/stretto, corto/lungo,	The jumper is too loose/tight, short/long
col collo alto, a giro collo,	polo neck, round neck,
di misto lana/cotone/seta	wool-blend/cotton/silk
La taglia inglese 40 per uomini, corrisponde al la 50 in Italia.	An English size 40 corresponds to a size 50 in Italy.
La taglia 10 inglese corrisponde alla taglia 38 italiana.	An English size 10 for women corresponds to an Italian size 38.
Un paio di calzoni/pantaloni da donna/da uomo.	A pair of men's/women's trousers

Esercizio 113

Complete the following dialogue using some of the Italian expressions given above to fill the gaps:

Commessa   Buongiorno, signore, desidera?

You   ....
         [Say that you would like a pair of trousers, but you don't know what your size is in Italy.]

Commessa   Che taglia porta in Inghilterra?

You   ....
         [Size 38, and do you have any trousers in the sale?]

Commessa   Sì, certo. Si accomodi al pianterreno e le faccio vederecosa abbiamo.

You   ....
         [Could I try these? Are they suitable for the winter?]

190

Commessa   No, sono un po' leggeri, provi questi, sono di lana.
           Vabene il colore?

You   ....
           [Yes, I like them. How much are they?]

You have tried the trousers and decided to buy. Now look for a
couple of presents:

Commessa   Desidera altro?

You   ....
           *[I'd like to look for something for my wife: a scarf or a
           smart jumper.]*

Commessa   Abbiamo dei bellissimi foulard di marca: Versace,
           Armani, Gucci . . .

You   ....
           *[Could you show me something classic, not too bright and
           not too expensive?]*

Commessa   Certo. E le interesserebbero anche questi maglioncini
           dilana d'angora, sono molto di moda quest'anno.

You   ....
           *[Well, perhaps for my daughters, but again you must help
           me with the sizes.]*

You have now bought two jumpers, a pair of trousers and a silk
scarf.

Commessa   Allora 120 mila i pantaloni, 75 mila il foulard e
           120.000i due maglioncini. Beh, facciamo 300 mila in
           tutto.

You   ....
           [Could I use a credit card or Eurocheque?]

Grammatica

Sequence of tenses

3 Trapassato remoto

This Italian tense is formed by the **passato remoto** of the auxiliary verb + past participle. It is used very rarely and then only in writing: the other pluperfect, the **trapassato prossimo**, has now taken its place.

The **trapassato remoto** is only used in subordinate clauses when there is a **passato remoto** in the main clause and the dependent clause is introduced by **dopo che, quando, appena che** (*).
Umberto Eco uses it in **Il nome della Rosa**:
Quando ebbi copiato Guglielmo guardò.
When I had copied it, Guglielmo looked.
Appena (*) ebbe finito la lettera la imbucò.

Two other examples:
As soon as she finished the letter, she posted it.
Lo intervistarono dopo che venne eletto.
They interviewed him after he was elected.

(*) **NB:** when **appena** means *just* it requires the **trapassato prossimo** and is put after the auxiliary verb:
Aveva appena mangiato quando il telefono suonò.
She had just eaten when the phone rang.

Esercizio 114

Translate these sentences into Italian:

1 Mark went to the gym after he realized that his mother had already taken the dog to the park.
2 I heard that the house had been bought by Mr Bruni.
3 They told me that doctor Fiorini would not take part.
4 The Rossi's went to play tennis at 6 o'clock.
5 It is said that as soon as Michelangelo finished his statue of Moses, he asked the statue why it did not talk.

Il Mosé di Michelangelo

Key to Exercises

Lesson 1

Esercizio 1
1 Perché in aereo ha paura. 2 Atterrerà alle 15. 10. 3 Li aspetterà il figlio, Carlino. 4 Perché Carlino guida come un pazzo. 5 Carlino aveva rovinato il paraurti e la portiera della macchina. 6 Massimo.

Esercizio 2
8, 4, 5, 7, 3, 6, 1, 2.

Esercizio 3
a: 7. b: 9. c: 6. d: 8. e: 2. f: 3. g: 4. h: 10. i: 5. j: 1.

Esercizio 4
1 Andava in montagna. 2 No, ci andava d' estate. 3 Suo padre e i suoi fratelli. 4 Chiacchieravano e giocavano. 5 No, lui leggeva nella parte opposta della casa.

Esercizio 5
2 to let. 3 tenant. 4 rent. 5 contratto d'affitto.

Esercizio 6
1 erano, faceva. 2 volevano. 3 andavamo. 4 avevi. 5 uscivo. 6 studiava, conoscevate. 7 veniva. 8 pioveva. 9 prendevamo. 10 camminavano.

Esercizio 7
1 Sono andata/o a Roma e il Museo del Vaticano era sempre chiuso.
2 Maria aveva mal di stomaco e ha preso una pastiglia. 3 Sono arrivati/e in ritardo perché non sapevano la strada. 4 I ragazzi non hanno telefonato perché non avevano gettoni. 5 Che cosa è successo mentre stavi sulla spiaggia? 6 Mario non è venuto perché non sapeva l'indirizzo. 7 Camilla leggeva il giornale quando è entrato il direttore. 8 Non ti ho aspettato perché avevo fretta. 9 Arturo ha bevuto una cedrata perché aveva sete. 10 Non ho guardato quel film perché era doppiato.

Esercizio 8
Il mio compagno di camera dormiva ancora e russava come un camion in salita. Sono uscito/a silenziosamente di casa e sono salito/a sulla mia Ferrari che stava, come sempre, al solito parcheggio. Mi sono subito accorto/a che dietro a me c'era una macchina. Ogni volta che acceleravo anche la

macchina accelerava. Era una Cadillac nera 1960. Ho guardato bene nello specchietto retrovisivo. La guidava un tizio grosso che aveva una cicatrice sulla guancia destra. E ho visto che la sua giacca aveva un rigonfiamento. Mi sono infilato/a in una strada deserta, ho frenato di colpo e poi sono saltato/a giù.

Esercizio 9
1 Piovene è di Vicenza. 2 Perché secondo lui è basata sulla fantasia e sul piacere. 3 Li ha notati in Inghilterra e in America. 4 Perché bisogna vederle nel loro ambiente veneto ["vicino ai monti ... in una luce rosea ... semiorientale"]. 5 Come signori di media potenza e di scarso peso politico, ma vanitosi. 6 No, perché il Palladio si concentra sulla facciata e sul piano nobile. 7 La rusticità è dovuta al carattere montano della regione e a una certa avarizia dei proprietari.

Esercizio 10
Quel martedì di giugno **ho cominciato** la giornata svegliandomi al buio. **Ho preso** la sveglia dal comodino: non **erano** ancora le nove, **ho visto** con stupore, per me che di solito **dormivo** fino alle dieci e oltre, **era** un chiaro sintomo di apprensione. Mia madre, sentendomi muovere, **è andata** automaticamente a prepararmi il caffè, e io, dopo un bagno di cui **avevo** bisogno da tempo, **ho indugiato** a radermi con meticolosa attenzione. C'**erano** ancora quattro ore da far passare. **Ho bevuto** il caffè e poi **mi sono avviato** lentamente verso la fermata del tram. **Sono salito** sul tram dalla parte anteriore perché **avevo** la tessera da invalido e, quando **sono sceso**, **ho notato** che l'orologio in Piazza Statuto **era** guasto: le lancette non si muovevano dalle 15 e 20. L'importante, **pensavo**, **era** di aver pazienza, tutto **finiva** per cascarti in bocca, se **sapevi** aspettare. Self-control, la grande regola degli inglesi: **bisognava** sapersi contenere!

Esercizio 11
1 Perché lì c'è la vecchia fabbrica Bugatti. 2 Vuol dire automobile. 3 Perché aveva progettato le famose Bugatti. 4 Era ebanista. 5 Si possono vedere fotografie d'epoca, alcune famose Bugatti e mobili Liberty. 6 No, è nell'Italia settentrionale.

Esercizio 12
1 Partono da Genova. 2 Perché hanno cabine con servizi privati, ristorante, bar, discoteca, piscina e centro fitness. 3 Ne possono trasportare 800. 4 nel 1996. 5 Sì, si può andare a Malta e anche in Tunisia. 6 Vuol dire che questi cruise-ferries sono navi da crociera, non semplici traghetti.

Esercizio 13
1 Per protestare contro l'eccessivo 'moto ondoso'. 2 Per il momento ne vogliono trasformare solo cinque. 3 Ce ne sono circa 400. 4 Vogliono

protestare contro il Comune. 5 No, corrode anche le fondamenta dei palazzi.

Esercizio 14
Rebus: Vendita di torte [VeN dita dito RTE]

Lesson 2

Esercizio 15
1 Gli operai più anziani **lo** squadrano e se lo mangiano di **occhiate**.
2 I principali **tornati** da un lungo viaggio non **si scomodano** neppure a guardarlo troppo. 3 Appena al secondo giorno, [Teodoro] è **stanco del lavoro**. 4 Il giovedì lavora **ininterrottamente** per **approntare** la biancheria di due navi inglesi. 5 Quei pochi soldi della paga sono **una delusione!**
6 Sabato **prenderà la paga**. 7 Con la paga Teodoro sogna che **si comprerà molte cose**. 8 Accetta che Anna **prepari la colazione** perché così la gita **costerà meno**.

Esercizio 16
1 Che ne so io, ci avranno pensato. 2 Forse vorrà dire di no. 3 Ma, faranno sciopero! 4 Non so se ci metterà un'ora. 5 Ma, l'avranno letta!

Esercizio 17
1 vero. 2 falso. 3 falso. 4 vero. 5 vero. 6 falso.

Esercizio 18
a:5 corriere. **b:12** addetto alle pulizie. **c:6** muratore. **d:4** falegname.
e:1 sarta. **f:2** meccanico. **g:9** macellaio. **h:7** parrucchiere. **i:3** pompiere.
j:11 idraulico. **k:8** giardiniere. **l:10** calzolaio.

Esercizio 19
a:5 Il corriere recapiterà i pacchi a domicilio. **b:12** L'addetto alle pulizie laverà e luciderà i pavimenti. **c:6** Il muratore costruirà un nuovo garage.
d:4 Il falegname fabbricherà e riparerà mobili. **e:1** La sarta taglierà e cucirà vestiti da donna. **f:2** Il meccanico cambierà l'olio e controllerà i freni. **g:9** Il macellaio peserà le bistecche di manzo. **h:7** Il parrucchiere laverà e taglierà i capelli. **i: 3** Il pompiere spegnerà l'incendio.
j:11 L'idraulico aggiusterà il rubinetto del bagno. **k:8** Il giardiniere innaffierà il giardino. **l:10** Il calzolaio suolerà e metterà i tacchi alle scarpe.

Esercizio 20
1 falso. 2 vero. 3 vero. 4 falso. 5 vero.

Esercizio 21

Secondo l'ingegner Granelli gli *IBM-men* devono essere alti, **magri**, vestiti di scuro e pieni di voglia di **far carriera**. Invece Luca pensa che se a uno la carriera non sembra tanto importante, gli altri, gli **arrivisti**, dovrebbero essere contenti, se non altro perché hanno un avversario **di meno**. Granelli spiega poi che il potere piace proprio perché **suscita** invidia e se quelli che **stanno** sotto la smettono di invidiare, che divertimento ci sarebbe ad avere il potere? le regole **vanno** rispettate: **chi** sta sopra deve godere e **chi** sta sotto deve **patire**. Anzi Luca dovrebbe ricordarsi di andare dal **suo capo** a **lamentarsi** che non sta facendo carriera.

Esercizio 22

1 C'è chi rispetta le regole e chi fa quel che vuole. 2 Ride bene chi ride ultimo. 3 Mi arrabbio con chi non dice la verità. 4 Chi lo conosce lo ammira molto. 5 C'è chi lavora e chi non fa niente.

Esercizio 23

1 chi. 2 quello/ciò che. 3 quelli che. 4 ciò/quello che. 5 chi ... chi.

Esercizio 24

Beh, fino a un certo punto. La signorina Bonaventura ha esperienza di editoria ma non come rappresentante. E Meneghini è un esperto rappresentante ma lavora per una casa editrice da solo 6 mesi.
....
Per quanto riguarda l'esperienza sì, ma la sua scarsa conoscenza dell'inglese mi preoccupa.
....
Appunto. Quindi guardiamo le doti positive della signorina Bonaventura: buona comunicativa, ha lavorato in Inghilterra, è pratica di editoria.
....
Ma solo se è d'accordo Lei.

Esercizio 25

1 Signorina Bonaventura, abbiamo il piacere di comunicarle che la sua domanda di lavoro ha avuto successo e vorremmo offrirle il posto di rappresentante per l'Inghilterra. Ci sono alcune faccende amministrative da risolvere, ma dovremmo essere in grado di mandarle il contratto per la fine di questa settimana. Potrebbe cominciare all'inizio del mese prossimo?
2 Signor Meneghini, siamo rimasti impressi dalla sua domanda di lavoro e dalla sua esperienza di rappresentante, ma come lei sa, dobbiamo stabilire una nuova agenzia in Inghilterra e abbiamo bisogno di qualcuno che parli bene l'inglese. Purtroppo quindi non possiamo offrirle questo posto, ma le facciamo i nostri più sinceri auguri per il futuro.

Esercizio 26
1 I figli dei dipendenti di Montecitorio con più di 100 di laurea e 40 alla maturità. 2 Due milioni. 3 Agli studenti con quaranta sessantesimi alla maturità. 4 Chi si laurea con 110 e lode. 5 Chi non riceverà un premio.

Esercizio 27
1 Il comitato ha deciso che avrebbero aperto una nuova filiale. 2 Che avrebbero finito le trattative entro aprile. 3 Che il nuovo contratto sarebbe durato fino al 1997. 4 Che il capitale sarebbe aumentato del 10%.
5 Che avrebbero firmato l'accordo coi sindacati.

Esercizio 28
1 Parla, o meglio ringhia, Minosse. 2 I will decide who goes to Hell. 3 Sì, perché lo fanno senza necessità. 4 Perché lo fanno per necessità (sbadigliano nelle sciarpe). 5 Nella prima strofa ci sono quelli che sono o sembrano importanti, nella seconda ci sembrano tutti più simpatici, forse più umili. 6 I ragionieri tengono la contabilità.

Lesson 3

Esercizio 29
1 pessimo. 2 brutta/bruttina. 3 di cattivo gusto. 4 elegante/ordinata.
5 semplice. 6 agitata. 7 senza buon senso. 8 intelligenti/furbe. 9 mal preparata/ignorante. 10 soddisfatte/contente.

Esercizio 30
Ma cosa dici? No che non ha ragione (ha torto)! Sono d'accordo con quelle che ridono di lui e che pensano che sia matto.
. . . .
Sì, soprattutto se la moglie non è un'intellettuale e non desidera avere una vita sua e un lavoro suo.
. . . .
Appunto! Una donna, secondo lui, deve solo esser colta così può badare alla casa, saper come trattare la cameriera e insegnare ai bambini la differenza tra il condizionale e il congiuntivo!
. . . .
Certo! Ed è anche importante che abbia il senso dell'umorismo. È proprio per questo che Romeo non riesce a trovare la moglie perfetta.

Esercizio 31
1 sappia. 2 spendiate. 3 mi arrabbi. 4 fumino. 5 abbia. 6 contraddica.
7 conosca. 8 sia. 9 insegnino. 10 si fermino.

Esercizio 32

1 abbia. 2 ti comporti. 3 cominci. 4 imparino. 5 voglia. 6 resti. 7 vadano.
8 ripeta. 9 venga. 10 porti.

1 Romeo is looking for a wife, although he has great difficulty in finding
her. 2 I'll take you out as long as you behave yourself. 3 I will phone you
before the film starts. 4 I'm sending my children to England to learn
English. 5 Tonight we are staying at home, unless you want to go out.
6 I don't understand why he wants to stay in the city in the summer.
7 Although everybody is going on holiday, the city is very crowded.
8 I understand very well without you having to repeat it to me. 9 I will try
to get Mario to come as well. 10 Mario is coming, provided that you bring
the children.

Esercizio 33

1 conosca. 2 dica. 3 diano. 4 aiuti. 5 abbiano. 6 stiri. 7 possiate. 8 sia.
9 guardi. 10 vada.

Esercizio 34

1 ciabatti. 2 badi. 3 voglia. 4 sia. 5 abbia. 6 sappia. 7 spenda.
8, 9, 10, 11, sappia. 12 sappiano. 13 siano.

Esercizio 35

1 Dice che gli danno sui nervi perché si sbaciucchiano e sussurrano.
2 Perché pensa che sia una pettegola. 3 Con Anna e Stefano. 4 Perché
spera che gli presentino una bella ragazza. 5 Perché ha paura che cominci a
far lo stupido.

Esercizio 36

1 Chissà che non si compri una macchina. 2 Chissà che non vengano al
weekend. 3 Chissà che non ritornino la settimana prossima. 4 Chissà che
non l'abbiano già trovato! 5 Chissà che non arrivi in orario!

Esercizio 37

1 È un ippocastano. 2 Lle radici calpestate, l'orina dei cani, la polvere
settica. 3 A causa dell'aria inquinata della città. 4 Forse sì?

Esercizio 38

1 Fratelli e sorelle. 2 nonni. 3 nipote. 4 nipote. 5 cugino. 6 cognato.
7 suocero. 8 suocera. 9 genero. 10 nuora.

Esercizio 39

1 Perché sua madre ha già fatto amicizia con la madre di Renzo. 2 La
sorella di Musetta. 3 Fa il calzolaio. 4 Allo Spaderini e anche a Renzo.
5 Lui pensa che sia grande, ma non la è.

Esercizio 40
1 Il primo e il quarto sono scritti da donne. 2 Poste restante - Driving
licence. 3 No, perché è meridionale. 4 Potrebbe essere l'uomo del secondo
annuncio. 5 Perché è l'unico che dà l'indirizzo.

Esercizio 41
1 vivono ancora con i genitori. 2 la ditta si è trasferita a Milano. 3 maestra,
farà fatica a trovar lavoro. 4 era già indipendente. 5 non ci sono molti posti
e mancano anche gli alloggi e i sussidi. 6 trovano comodo stare con i
genitori, senza spese e senza responsabilità. 7 Luigi aveva visto molti
senzatetto. 8 non aiuta i giovani. 9 non hanno i soldi per mantenerli.
10 informarsi se ci sono corsi di tirocinio o di formazione professionale.

Esercizio 42
1 platter/small dish. 2 small carts/go- carts. 3 go-carts, small board, small
wheels/castors, pieces of string. 4 little old man, little heaps. 5 [child's]
shorts, tee shirt. 6 small/tiny woman. 7 young boy, kiosk/stand. 8 small
vase. 9 large pistol. 10 small fountain.

Lesson 4

Esercizio 43
1 Alle 19 e alle 22.30 su Raitre e alle 19 sulla Rete 4. 2 Sì, [cinque film il 7
giugno]. 3 Su Raiuno. 4 Su Raiuno. 5 Sceglierei la Rete 4.
6 Guarderebbero Raidue alle 13.55, Raiuno alle 15.45 e il Canale 5 alle 16.
7 Alle 20.40 sul Canale 4.

Esercizio 44
1 avessi. 2 fossero. 3 veniste. 4 finisse. 5 stessi.

Esercizio 45
1 Si fa nei locali del centro. 2 Fanno pagare il biglietto d'ingresso e
selezionano le persone che vogliono ammettere come se fosse un privilegio.
3 Perché vogliono compagnia e sperano di far amicizia o di trovare una
ragazza ... 4 Perché i carontini hanno accesso ai locali e fanno
risparmiare soldi e discussioni coi buttafuori. 5 Le trasporta nelle bolge
dell'inferno. 6 "Il centro lugubre come lo Stige ... ombre ... tetre
bande ... traghettandole ... il trottar vano."

Esercizio 46
. . . .
 Uscirei volentieri, ma non voglio spendere troppo. Cosa potremmo fare?
. . . .
Va bene. Ma preferirei mangiare la pizza. Potresti aspettare mentre mi
cambio?

. . . .
Così le devo dire una bugia per te? Speriamo che non telefoni . . .
. . . .
Sì, grazie. Mi puoi ordinare un bicchiere di birra?
. . . .
5 minuti al massimo, a meno che non telefoni Luisa, naturalmente.

Esercizio 47
1 vero. 2 vero. 3 falso. 4 falso. 5 vero.

Esercizio 48
1 Prenoterei un posto se il teatro non fosse così lontano. 2 Andrei in platea
se non costasse troppo. 3 Prenderei un aperitivo se non avessi fretta.
4 Verrei con voi se non dovessi lavorare sabato. 5 Leggerei quel romanzo di
Buzzati se non lo trovassi così difficile.

Esercizio 49
1 No, si usava anche per i film italiani perché i registi spesso usavano attori
presi dalla strada e non avevano neppure la sceneggiatura. 2 Era il periodo
del dopoguerra. 3 Sarebbe meglio doppiarlo per apprezzare di più le
immagini e il dialogo, purché la traduzione sia fatta bene. 4 Imparano a
ricreare le emozioni dei personaggi e a sincronizzare ogni battuta con il
movimento delle labbra degli attori sullo schermo.

Esercizio 50
1 potessi. 2 fossero. 3 avessero. 4 dominassero. 5 avesse. 6 volesse.
7 costassero. 8 criticassero. 9 concedesse. 10 facessero.

Esercizio 51
1 Ne ha settantacinque. 2 Offre la videocassetta di "Un americano a
Roma" con Alberto Sordi. 3 Costa 6000 lire. 4 È del 1954. 5 Ne ha
interpretati 187 . . . finora.

Esercizio 52
1 Sta registrando per Raiuno 20 puntate sulla Divina Commedia. 2 No,
sostiene di essere troppo introverso, timido e fragile per questa
professione! 3 Perché l'ha fatto da cinquant'anni e non ne ha più voglia.
5 Sì, gli dispiace di non aver interpetato King Lear 6 No, anzi, pensa che
sia un brutto segno.

Esercizio 53
1 Gli spagnoli leggono più quotidiani. 2 I francesi leggono più romanzi e
poesie. 3 Gli italiani leggono più riviste. 4 I francesi leggono meno
quotidiani di tutti. 5 Ne leggono di più in Francia. 6 Topolino è un

fumetto, Panorama è una rivista e l'Unità e il Corriere della Sera sono
quotidiani.

Esercizio 54

1 Se non **dovessi** uscire, **potrei** finire quel romanzo di Umberto Eco. 2 Se
non **stessi** in casa, non **guarderei** la televisione. 3 Se **leggessi** più giornali,
sarei più al corrente di quel che succede. 4 Se la nostra famiglia **avesse** il
videoregistratore, i bambini **andrebbero** a letto troppo tardi. 5 Se la
commedia non **fosse** troppo lunga, ci **porterei** anche i miei figli.

Esercizio 55

1 Non posso andare in quel locale **a meno che** tu **non ci venga** con me.
2 La Callas recitava e cantava senza occhiali **benché fosse** molto miope.
3 I critici hanno molto criticato la nuova Tosca **malgrado cantasse**
Pavarotti. 4 I ragazzi vanno al liceo musicale a 13 anni **purché superino**
l'esame d'ammissione. 5 Verdi divenne il simbolo del Risorgimento
nonostante le autorità **avessero** spesso messo al bando le sue opere.

Lesson 5

Esercizio 56

1 No, gliele fanno pagare care. 2 Lo dice Antonio. Ha disturbi di
circolazione. 4 La cerca per prender la pillola (o forse per togliersi dai piedi
...). 5 Li ha visti nei film. 6 Glielo dice la moglie. 7 "La circolazione è
tutto?" o "Vent'anni si fanno una volta sola" o "La vita è una sola" ...
scegliete voi!

Esercizio 57

1 Sì, **le** vuole molto bene. 2 Sì, vengo con **lei**. 3 Sì, **gli** telefono tutti i
giorni. 4 Sì, **la** prendo io. 5 Sì, **ci** resto.

Esercizio 58

1 Sì, **la apro.** 2 Sì, **gli apro** la porta. 3 Sì, **gliela apro.** 4 Sì, **le ordino.**
5 Sì, **vi ordino** le medicine i. 6 Sì, **ve le ordino.** 7 Sì, **la dico.** 8 SÌ, **le dico**
la verità. 9 Sì, **gliela dico.**

Esercizio 59

Il protagonista racconta che il cuore **gli** tremava ogni volta che vedeva
Margherita e **gli** piaceva molto lavorare accanto a **lei** perché Margherita
aveva sempre una parola da dir**gli** e un discorso da far**gli**, ma suo fratello
era geloso di **lui**. Un giorno, vedendo**li** discorrere insieme, **gli** aveva gridato
di andarsene. Allora lui aveva preso la giacca e **se ne** era andato senza
far**selo** ripetere. Aveva 14 anni e il cuore e la testa **gli** erano abbastanza
caldi. Quando lui **le** ripeteva le poesie, Margherita **lo** guardava con

ammirazione, **gli** aveva anche detto che era tanto buono e intelligente e poi l'aveva fissato negli occhi e lui l'aveva vista cambiar colore e il cuore **gli** era balzato nel petto.

Esercizio 60

1 Dobbiamo **lasciargliele/gliele** dobbiamo lasciare. 2 Preferisco non vederlo oggi. 3 **Ne** abbiamo solo due. 4 **Ve** l'ha detta? 5 Volete **mandarglieli**? 6 Non disturbarli! 7 **Lo** capisco bene e **lo** parlo abbastanza bene. 8 **Spediteglielo!** 9 Potresti portarla in macchina?/**La** potresti portare in macchina? 10 Telefonate**gli** subito!

Esercizio 61

1 Sì, **gliel'ho** confermata. 2 Sì, **gliel' ho** mandato. 3 Sì, **gliel'ho** chiesta. 4 Sì, **gliel'ho** restituito. 5 Sì, **gliel'abbiamo** fissato. 6 Sì, **me** l'ha fatta. 7 Sì, **ce** l'ha dato. 8 Sì, **gliel'ho** data. 9 Sì, **glieli abbiamo** comprati. 10 Sì, **me ne sono accorto.**

Esercizio 62

1 Perché era svenuta al supermercato. 2 Le girava la testa, aveva nausea e si stancava facilmente. 3 Sì, gliele ha controllate. 4 Perché il medico pensa che sia incinta. 5 Che Lisa aspetta un bambino.

Esercizio 63

1 Mi sono fatto/fatta male alla gamba. 2 Si è messo le scarpe. 3 Ci siamo incontrati all'università. 4 Maria non si sente bene. 5 Non se l'è presa con lui? 6 Ti sei ricordata di prendere la madicina? 7 Mi girava la testa e mi sono seduta/seduto. 8 Maria si è lamentata che aveva mal di pancia. 9 Quando si sono fidanzati? 10 Si sono sposati e si sono comprati una casa in campagna.

Esercizio 64

1 Se l'è cavata. 2 Te la sei (sia) presa. 3 Ce l'hanno messa tutta. 4 Me la sono vista brutta. 5 Se la sono data a gambe.

Esercizio 65

1 L'aveva scoperto Padre Ranieri. 2 Allevia il mal di schiena. 3 L'ippocastano. 4 Tonifica la pelle. 5 Se ne consiglia un bicchierino dopo i pasti.

Esercizio 66

1 Guida così veloce; prima o poi avrà un incidente. 2 Martedì prossimo compio trent'anni. 3 Ho perso una sorella e un cognato il giugno scorso. 4 Ne ho sentite di tutti i colori sul tuo nuovo capo. 5 È morto d'infarto. 6 Non ci rendiamo conto di quanto siamo fortunati a essere così sani.

Esercizio 67
1 falso. 2 vero. 3 falso. 4 vero. 5 vero.

Lesson 6

Esercizio 68
1 Nel 1966. 2 Sì ce n'erano state 59. 3 Era nel Museo dell'Opera di Santa Croce. 4 Dormivano. 5 No, molte opere minori e molti documenti vennero distrutti completamente.

Esercizio 69
si abbatté (*reg.*); raggiunsero (*irr.*); ebbe (*irr.*); raggiunse (*irr.*); giunse (*irr.*); colse (*irr.*); cominciò (*reg.*); avvenne (*irr.*); fu (*irr.*); furono (*irr.*); venne (*irr.*).

Esercizio 70
1 I fiumi **strariparono**. 2 **Tagliai** gli alberi. 3 **Costruì** una piccola capanna di paglia. 4 **La tigre abbandonò** la foresta. 5 **I lupi sparirono** da alcune parti dell' Italia. 6 **I Bianchi passarono** l'estate in campeggio. 7 **I romani conquistarono** la Gallia. 8 **Mangiasti** solo il contorno? 9 Non **credettero** a quello che diceva. 10 **Ci stabilimmo** a Roma.

Esercizio 71
1 **Nacqui** a Vicenza. 2 La sua famiglia **visse** due giorni senza luce e gas. 3 **Il crocefisso venne perso** nell'inondazione. 4 **Tenesti** una conferenza sull'ecologia. 5 Non **videro** mai la fine del film. 6 **La polizia decise** di chiudere l'autostrada. 7 **I miei genitori trascorsero** tutta la vita in campagna. 8 **Mettemmo** le scarpe da montagna. 9 Non **voleste** partecipare alla riunione. 10 **Il Duomo fu costruito** nel '500.

Esercizio 72
"Prima di salire allo scriptorium **passammo** in cucina a rifocillarci, perché non **avevamo** preso nulla da quando ci **eravamo** alzati. Mi **rinfrancai** subito prendendo una scodella di latte caldo. Il gran camino meridionale già **bruciava** come una fucina, mentre nel forno si **preparava** il pane del giorno. **Vidi**, tra i cinieri, Salvatore, che mi **sorrise** con la sua bocca di lupo. E **vidi** che **prendeva** da un tavolo un avanzo del pollo della sera prima e lo **passava** di nascosto ai pastori che lo **nascondevano** nelle loro giubbe di pelle. Ma il capo cuciniere **se ne accorse** e **rimproverò** Salvatore. "Cellario, cellario" **disse** "non dissipare i beni dell'abbazia!" Salvatore **si oscurò** in viso e **si voltò** adiratissimo, poi **fece** uscire in fretta i pastori e ci **guardò** con preoccupazione. "Maiale" gli **gridò** il cuciniere. Salvatore mi **sussurrò** nell'orecchio "È un bugiardo" poi **sputò** per terra. Il cuciniere **venne** a spingerlo fuori in malo modo e gli **rinchiuse** la porta alle spalle."

204

Esercizio 73

1 È una nuova specie di zanzara orientale che causa consistenti allergie.
2 Perché non dovrebbero dormire dove ci sono insetticidi. 3 Non lasciare
recipienti d'acqua, non usare colori chiari, deodoranti o profumi, ma
prendere vitamine C e B e strofinarsi di oli. 4 Oli essenziali come garofano,
verbena e melissa diluiti in alcol. 5 No, sono stati un vero fallimento!

Esercizio 74

1 No, non lo è. 2 Gli fanno pena i vitelli e i maiali. 3 La scritta con:
"attenzione cavalli da corsa". 4 Perché non sono così di moda. 5 Are we
aware/ do we notice?

Esercizio 75

1 **Si vedono** molti bei fiori. 2 **Si beveva** solo vino italiano. 3 Se non ci si
diverte, si va in un altro posto. 4 Non **si sa** cosa dire. 5 **Si potrebbe**
rinunciare ai dolci?

Esercizio 76

1 You never know! 2 What can we do? 3 We'll see! 4 It's getting late.
5 That's life! 6 One/we mustn't grumble! 7 Red at night shepherd's
delight! 8 Don't look a gift horse in the mouth. 9 One does one's best.
10 Look who's here!

Esercizio 77

1 Può provocare un invecchiamento precoce della pelle e per chi è
predisposto, anche verruche o Herpes. 2 Ce ne sono sei. 3 Al terzo e al
quarto. 4 Perché hanno una pelle chiara e sono fototipi 2 e 3. 5 Prima delle
11 e dopo le 16. 6 Fa bene ai bambini perché ne aiuta la crescita e agli
adulti perché previene l'osteoporosi. 7 Consiglia di non restare al sole
troppo a lungo, di evitare le ore centrali del giorno e di usare un buon
prodotto protettivo.

Esercizio 78

1 Si dice 'Buon appetito'. 2 Si risponde 'Grazie, altrettanto'. 3 Si dice:
'Salute!' 4 Si chiede scusa. 5 Si dice: 'Avanti!'.

Esercizio 79

1 Nel 1870. 2 Sono la cinematografia e l' edilizia. 3 Perché metà delle
famiglie dipende dallo stipendio di impiegati statali, parastatali o comunali.
4 Fu la creazione dei quartieri periferici sovraffollati e senza verde.
5 Si fanno l' immagine di una città piena di storia, d'arte e di musei.

Esercizio 80

The missing word is **'grotte'** (caves).

[These hill caves, an actual network of underground galleries or 'ventidotti'
in the middle of the **Villa da Schio** *grounds, lead to the 'Grotta del*
Marinali*', a small villa where the famous stonecutter had his 'atelier'. Here*
the painter Gustave Dorigny created some beautiful decorations once attributed
to Poussin.]

Esercizio 81

1 falso. 2 vero. 3 vero. 4 falso. 5 falso.

Lesson 7

Esercizio 82

1 Di non aver telefonato prima a Carlo. 2 Per confermare la data del
congresso e per prenotare le stanze. 3 Per esporre i manifesti. 4 Di avergli
ricordato i vegetariani. 5 Per contattarlo fuori delle ore di ufficio.

Esercizio 83

1 Pronto, mi può passare la signora De Marco per favore? 2 No, mi
dispiace ma non ce l'ho, ma so che lavora al reparto vendite. 3 No,
purtroppo non posso, potrebbe dirle di telefonare a Charles Coyne a
Londra? 4 Il mio cognome è Coyne: ci, o, ipsilon, enne, e [Como, Otranto,
Yalta, Novara, Enna]. 5 Zero, uno, sette, uno, quattro, tre, sei, otto, nove,
nove, zero dalle quattordici in poi.

Esercizio 84

1 È un numero che non costa niente a chi telefona. 2 really. 3 has.
4 Migliora la propria immagine, aumenta le vendite e conosce meglio il
proprio mercato. 5 Sì.

Esercizio 85

1 Perché il computer è il più vicino al pensiero umano. 2 È in grado di
tornare indietro e soffermarsi sul testo. 3 La macchina da scrivere è più
bella ma anche più fredda e procedein modo orizzontale, il computer
permette di stampare pagina per pagina e correggere. 4 Le fa a penna.
5 Si ubriaca, si droga, vagabonda e poi produce capolavori.

Esercizio 86

1 Viene **senza portare niente**. 2 Ascolta la radio **piuttosto di guardare la
televisione**. 3 Va a letto **per riposarsi**. 4 Ha mandato un fax **prima di
telefonare**. 5 Scrivo col pennarello **invece di usare il gesso**.

Esercizio 87

1 dopo aver letto. 2 di aver accettato. 3 per essere collegata. 4 dopo aver
provato. 5 di essere arrivata.

Esercizio 88

1 There's no beauty without tears. 2 Actions speak louder than words.
3 What's said can't be unsaid. 4 Love knows no lies. 5 To leave is to die a
little.

Esercizio 89

1 Non mi interessa **nuotare**. 2 Mi sveglio sempre al **suonare** della sveglia.
3 **Ballare** la rende allegra. 4 **Fumare** provoca molti disturbi. 5 **Riposare** fa
bene a tutti.

Esercizio 90

1 Mi hanno ringraziato di aver mandato il preventivo. 2 Ho visto il testo
sparire dallo schermo. 3 È più facile scrivere con il computer. 4 Ero
stanca/stanco dopo aver camminato fino alla stazione. 5 In un bar italiano
si paga prima di ordinare il caffè.

Esercizio 91

1 Perché Windows '95 ha un'ingombrante e fragorosa presenza alla Fiera.
2 Si è svolta a Milano. 3 Consiste in tecnologie che permettono di
commerciare dappertutto. 4 Perché è 'amichevole', si usa in casa con il
televisore come monitor. 5 È il nuovo personal computer "Envision".
6 Legge sia Cd audio che foto e i Cd Rom multimediali e utilizza Windows
'95. 7 Può essere usato come hi-fi, telefono, videoregistratore, modem, fax
e segreteria telefonica. 8 Ne ha il 4%. 9 Dall'Assinform. 10 È stato
dedicato alla convergenza tra informatica, media e telecomunicazioni.

Esercizio 92

1 vero. 2 falso. 3 vero. 4 falso. 5 vero.

Esercizio 93

1 L'Assinform riconfermò il risultato. 2 Lo spedizioniere aveva assicurato
la merce. 3 Il ministro dei trasporti ha inaugurato l'autostrada. 4 Chiunque
può fare queste operazioni. 5 Hanno occupato la rete per tre ore.

Esercizio 94

1 Domani la giunta comunale sarà ricevuta dal sindaco. 2 Il suo discorso
non era stato registrato da nessuno. 3 Mario è stato licenziato. 4 Da chi è
stato preparato questo documento? 5 Il cinese è parlato dalla maggioranza
della popolazione mondiale.

Esercizio 95

1 Era stata invitata dalla sua ditta a partecipare al congresso. 2 Non si usa
ancora molto l'Internet./L'Internet non è ancora molto usato. 3 Si
prenoteranno le stanze in anticipo. 4 Si usano più i computer in America

che in Italia. **5** Si deve collegare il computer alla tastiera./Il computer va collegato alla tastiera. **6** Gli spaghetti non vanno mangiati con il cucchiaio./Non si devono mangiare gli spaghetti con il cucchiaio. **7** Il nuovo programma era stato installato da un esperto. **8** Avrebbe dovuto fare/essere lei l'interprete. **9** Mi insegnò mia moglie a guidare. **10** Il manifesto è stato appeso al muro.

Esercizio 96

1 Mi dispiace moltissimo, vorrei proprio esserle d'aiuto ma purtroppo devo fare un seminario. **2** Mario, mi faresti un favore? Potresti fare uno scambio e fare tu il mio seminario oggi e io faccio il tuo domani? **3** Scusa Carlo, sai, ma purtroppo non posso. Al pomeriggio faccio sempre il footing. **4** Beh, allora digli che sarei ben felice di presentare io il ministro. E spero che apprezzerai il mio sacrificio ...

Esercizio 97

UN amo STradice ramiCHE = Una mostra di ceramiche

Lesson 8

Esercizio 98

1 Andrà a far spese in centro. **2** Deve rispondere a un professore di Padova che l'ha invitato a fare delle conferenze. **3** L'avrebbe dovuto fare Andrea in cambio dell'iscrizione al body building. **4** L'accompagna in palestra. **5** Si è offerto di portar fuori il cane e di preparare la cena.

Esercizio 99

1 La caccia e **la pesca** sono molto popolari in Italia. **2** La racchetta da tennis è **in cima** all'armadio. **3** Hai mai parlato con **l'avvocato** Rossi? **4** Ti piacciono **i gatti**? **5 Il Veronese** è **il mio** pittore preferito. **6** Ho letto una poesia **del Foscolo** e "I Promessi Sposi" **del** Manzoni. **7** Ieri sono andata **dai Rossi** a pranzo. **8** Guardo **la televisione** e **mio marito** ascolta **la radio**. **9** Sono **le otto** e **gli italiani** si mettono tutti **a tavola**. **10** In centro **il pane** e **la pasta** costano 300 lire di più **al** chilo.

Esercizio 100

1 Non credo ai giornali. **2** Agli italiani piace il rugby. **3** Il Monte Bianco è la montagna più alta d'Italia. **4** I dipinti di Tiziano sono i più belli del museo. **5** Giorgio si è rotto la gamba a sciare. **6** La lezione di aerobica comincia alle sei. **7** Il sabato vado a far la spesa in macchina. **8** La Iuventus è la squadra preferita di Andrea. **9** Si dice che i gatti siano piuttosto indipendenti. **10** Tutti i loro figli hanno i capelli neri.

Esercizio 101

1 Animale domestico. 2 Come l'opposto dell' animale. 3 Lo tengono fuori.
4 L'autore, da bambino. 5 Forse no.

Esercizio 102

1 Perché la cavalla era molto ingrossata. 2 Non riuscirono a prendere
sonno. 3 Sentirono il suo nitrito infantile. 4 No. 5 Erano tutti e due sauri.

Esercizio 103

1 Si mette prima del nome del luogo. 2 In basso a sinistra. 3 Nelle lettere
ufficiale e commerciali. 4 Va in basso a destra 5 Il luogo.

Esercizio 104

Gentile signora,   Verona, 2 dicembre 1996
In risposta alla Sua cortese lettera del 22 novembre, tengo a precisare che
per quanto mi riguarda non c'è nessun problema.
È vero che il mio balconcino dà sulla Sua terrazza e quando piove si
riempiono d'acqua tutti e due, ma non ci posso proprio fare nulla. L'acqua
non viene dal mio appartamento, viene dal cielo.
Forse lo scolo dalla Sua terrazza è bloccato o non funziona bene. Mi
dispiace di non poterLe essere d'aiuto, ma purtroppo in questo caso la
responsabilità è Sua e non mia.
Distinti saluti,
Mario Casali
Rag. Mario Casali, Via Leoncino - 37100 Verona

Esercizio 105

Cari Mario e Concetta,   Glasgow, 2 novembre 1996
Grazie della vostra lettera e delle belle foto delle nostre vacanze a Jesolo.
Mark ed io ci siamo proprio divertiti con voi e ci ha fatto tanto piacere
conoscere la vostra famiglia. Come vedete, cerchiamo di continuare a usare
l'italiano e lo studiamo usando un libro con cassette oltre a leggere più che
possiamo. Non vediamo l'ora di far pratica con voi quando verrete a
trovarci!
Non dimenticate la promessa di passare Pasqua in Scozia con noi.
Abbiamo già progettato tante gite da fare insieme, potremmo andare verso
i laghi o in montagna.
Ma non dimenticatevi che probabilmente farà piu freddo che in Italia.
Ci auguriamo che Lisa si trovi bene all'università a Milano. E come sta tua
madre, Concetta? Si è goduta la settimana ad Abano Terme? Salutamela
tanto.
Ti mando anche le foto che abbiamo fatto noi, non belle come le vostre,
ma abbiamo pensato che vi farete una bella risata a vedere quella di Mark e
Mario addormentati in spiaggia.
Tanti saluti,
Carol
23, Pembroke Lodge, Roxborough Gardens - Glasgow G2 7NG

Esercizio 106
1 Un incidente stradale. 2 È il Signor Remo Scola. 3 No, era in macchina.
4 Per una settimana. 5 Perché aveva provocato lui l'incidente.

Esercizio 107
1 Perché aveva una malattia congenita ai reni. 2 Fa lo sci, il basket, il
calcio, il nuoto e l'atletica leggera. 3 È biondo, paffuto, con gli occhi
vivaci, i capelli sulla fronte e un sorriso sempre pronto. 4 Ci ha partecipato
nel '93 in Canada. 5 Ne ha vinte due d'oro nel nuoto e quattro d'argento
nello sci.

Esercizio 108
1 La mia amica mi ha detto **che sarebbe andata da sola in palestra.**
2 Franca affermava **che l'aerobica era stata molto divertente.** 3 Il mio
inquilino ha risposto **che non ci credeva.** 4 Carla dice **che non capisce
questo gioco/di non capire questo gioco.** 5 L'allenatore dice ai giocatori
di mettersi dietro al pallone./che si mettano dietro al pallone.

Esercizio 109
1 Mario mi scrisse che era appena tornato da Londra. 2 Gino mi ha detto
che era stanco perché aveva dovuto aspettare quasi un'ora. 3 Ti prometto
che verrò a trovarti domani. 4 Rosa disse che non gli avava dato i soldi.
5 Gli ho chiesto di parlare più adagio.

Esercizio 110
1 Perché ne aveva solo sentito parlare dai vecchi e ne aveva visto una
vecchia stampa. 2 Senza guantoni aveva un'espressione simpatica e sportiva
con i guantoni 'aveva il diavolo in corpo', con gli occhi ambigui. 3 Viene
paragonato a un gatto, a un galletto, a una scimmia. 4 Perché era bravo a
'schivare'. 5 No, lottavano a pungo nudo.

Esercizio 111
1 Mi pare che la stampa mostri due pugili inglesi. 2 Il ragazzo pensava che
il maestro avesse una corporatura atletica. 3 Si dice che il campione del
mondo guadagnasse più di 100 milioni all'anno. 4 Aveva paura che io non
avessi ricevuto la sua risposta. 5 Speravo che non fossero rimasti soli tutto
il giorno.

Esercizio 112
1 **Aveva deciso di lasciare a casa la macchina e aveva preso** la
metropolitana fino al Duomo. 2 **Si era fermata** alla Rinascente **ed era
salita** al reparto arredamento. 3 **Si era lasciata** tentare da questi due bei
barattoli di Alessi. 4 Poi **aveva visto** un magnifico paio di scarpe da Magli.
5 Purtroppo le **andavano** un po' strette e ci **aveva rinunciato.** 6 Alle 5 **si è**

trovata con Martina a prendere il tè. **7** Non **pensava** che Martina **fosse** molto contenta dei suoi acquisti. **8** Infatti poi lei **era tornata** in via Spiga a cambiare un golfino. **9** Lei invece **era** andata in rosticceria e **aveva** comprato un po' di antipasto. **10** Questo foulard di seta di Missoni **era** l'unico acquisto un po' frivolo.

Esercizio 113

....

Vorrei un paio di pantaloni ma non so che taglia porto in Italia.

....

La 38. E ha pantalonii in svendita?

....

Potrei provarli? Vanno bene per l'inverno?

....

Sì mi piacciono. Quanto vengono?

....

Vorrei qualcosa per mia moglie: un foulard o un maglione

....

Me ne può far vedere qualcuno, qualcosa di classico, non troppo vivace e non troppo caro.

....

Beh, forse per le mie figlie, ma mi deve aiutare per la misura.

....

Posso usare una carta di credito o l'Eurocheque?

Esercizio 114

Marco andò in palestra dopo che si era accorto che sua madre aveva già portato il cane al parco. **2** Ho sentito che la casa era già stata comprata dal signor Bruni. **3** Mi hanno detto/dissero che il dottor Fiorini non avrebbe preso parte. **4** I Rossi sono andati/andarono a giocare a tennis alle 6. **5** Si dice che non appena Michelangelo finì la statua di Mosé gli domandò perché non parlasse.

APPENDIX

Conjugation of regular and auxiliary verbs

INFINITIVE				
parlare	**vendere**	**dormire**	**avere**	**essere**

GERUND				
parl**ando**	vend**endo**	dorm**endo**	avendo	essendo

PAST PARTICIPLE				
parl**ato**	vend**uto**	dorm**ito**	avuto	stato

PRESENT INDICATIVE				
parl**o**	vend**o**	dorm**o**	ho	sono
parl**i**	vend	dorm**i**	hai	sei
parl**a**	vend**e**	dorm**e**	ha	è
parl**iamo**	vend**iamo**	dorm**iamo**	abbiamo	siamo
parl**iate**	vend**ete**	dorm**ite**	avete	siete
parl**ano**	vend**ono**	dorm**ono**	hanno	sono

IMPERFECT INDICATIVE				
parl**avo**	vend**evo**	dorm**ivo**	avevo	ero
parl**avi**	vend**evi**	dorm**ivi**	avevi	eri
parl**ava**	vend**eva**	dorm**iva**	aveva	era
parl**avamo**	vend**evamo**	dorm**ivano**	avevamo	eravamo
parl**avate**	vend**evate**	dorm**ivate**	avevate	eravate
parl**avano**	vend**evano**	dorm**ivano**	avevano	erano

SIMPLE PAST – PASSATO REMOTO				
parl**ai**	vend**ei**	dorm**ii**	ebbi	fui
parl**asti**	vend**esti**	dorm**isti**	avesti	fosti
parl**ò**	vend**é**	dorm**ìi**	ebbe	fu
parl**ammo**	vend**emmo**	dorm**immo**	avemmo	fummo
parl**aste**	vend**este**	dorm**iste**	aveste	foste
parl**arono**	vend**erono**	dorm**irono**	ebbero	furono

IMPERATIVE				
[tu] parl**a!**	vend**i!**	dorm**i!**	abbi!	sii!
[Lei] parl**i!**	vend**a!**	dorm**a!**	abbia!	sia

212

[noi] parliamo!	vendiamo!	dormiamo!	abbiamo!	siamo!
[voi] parlate!	vendete!	dormite!	abbiate!	siate!
[Loro] parlino!	vendano!	dormano!	abbiano!	siano!

Regular

parlare	vendere	dormire	avere	essere
FUTURE				
parlerò	venderò	dormiro	avrò	sarò
parlerai	venderai	dormirai	avrai	sarai
parlerà	venderà	dormirà	avrà sarà	
parleremo	venderemo	dormiremo	avremo	saremo
parlerete	venderete	dormirete	avrete	sarete
parleranno	venderanno	dormiranno	avranno	saranno
CONDITIONAL				
parlerei	venderai	dormirei	avrei	sarei
parleresti	venderesti	dormiresti	avresti	saresti
parlerebbe	venderebbe	dormirebbe	avrebbe	sarebbe
parleremmo	venderemmo	dormiremmo	avremmo	saremmo
parlereste	vendereste	dormireste	avreste	sareste
parlerebbero	venderebbero	dormirebbero	avrebbero	sarebbero
PRESENT SUBJUNCTIVE				
parli	venda	dorma	abbia	sia
parli	venda	form1	abbia	sia
parli	venda	dorma	abbia	sia
parliamo	vendiamo	dormiamo	abbiamo	siamo
parliate	vendiate	dormiate	abbiate	siate
parlino	vendano	dormano	abbiate	siate
MPERFECT SUBJUNCTIVE				
mangiassi	vendessi	dormissi	avessi	fossi
mangiassi	vendessi	dormissi	avessi	fossi
mangiassi	vendesse	dormisse	avesse	fosse
mangiassimo	vedessimo	dormissimo	avessimo	fossimo
mangiaste	vendeste	dormiste	aveste	foste
mangiassero	vendessero	dormissero	avessero	fossero

- Many verbs ending in **-ire** take **-ise** between the stem and the ending in the first, second and third person singular and in the 3rd person plural of the present indicative, subjunctive and the imperative: **finire**: Pres. **finisco, finisei, finesce,** finiamo finite **finiscono,** pres. subj. **Finisca, finiscano** Imp. **finisei! finisca!** finiamo! finite! **finiscano!**
- All compound tenses: perfect (**passato prossimo**), pluperfect, simple past (**passato remoto**), future perfect, past conditional, perfect subjunctive and pluperfect subjunctive, are formed by using the auxiliary verbs + past participle.

Irregular verbs

1. Irregular imperfect tense

There are very few verbs which are irregular in the imperfect tense. They use the stem derived from the extended (Latin) form of the infinitive and their endings are regular.

These are the most commonly used:

	imperfect indicative	imperfect subjunctive
bere	**bevevo**	**bevessi**
condurre	**conducevo**	**conducessi**
dire	**dicevo**	**dicessi**
fare	**facevo**	**facessi**
tradurre	**traducevo**	**traducessi**

2. Irregular passato remoto

- The majority of the verbs which have an irregular **passato remoto** belong to the **-ere** verbs and are irregular in the first person singular and in the third person singular and plural:

chiudere
chiusi
chiudesti
chiuse
chiudemmo
chiudeste
chiusero

214

- These verbs form the regular persons using the original Latin infinitives:

dire	fare	tradurre	condurre
dissi	**feci**	**tradussi**	**condussi**
dicesti	facesti	traducesti	conducesti
disse	**fece**	**tradusse**	**condusse**
decemmo	facemmo	traducemmo	conducemmo
diceste	faceste	traduceste	conduceste
dissero	**fecero**	**tradussero**	**condussero**

3. Irregular Future and conditional tenses

- A number of verbs have special future stems. Their endings, however, are always regular. Some verbs drop the characteristic vowel of the infinitive:

	future	conditional
andare	andrò	andrei
avere	avrò	avrei
cadere	cadrò	cadrei
dovere	dovrò	dovrei
potere	potrò	potrei
sapere	saprò	saprei
vedere	vedrò	vedrei

- Some verbs lose the characteristic vowel of the infinitive and have the following contracted forms:

bere	berrò	berrei
parere	parrò	parrei
rimanere	rimarrò	rimarrei
tenere	terrò	terrei
valere	varrò	varrei
venire	verrò	verrei
volere	vorrò	vorrei

215

- Verbs ending in **-care, gare; ciare, -giare** and **-sciare** have spelling changes in the future to keep the sound of the stem.

Verbs ending in **-care** and **-gare** insert an **h** following the **-c** and **-g** of the stem: endings:

cercare	cer*h*erò	cerherei
pagare	pag*h*erò	pagherei

Verbs ending in **-ciare**, **-giare** and **-sciare** drop the **-i** of the stem:

mangiare	mangerò	mangerei
lasciare	lascerò	lascerei

- Some verbs in **-are** keep the **-a** of the stem:

dare	darò	darei
fare	farò	farei
stare	starò	starei

Index

3